浙江省非物质文化遗产馆 编著

以有限 展无限

浙江省非物质文化遗产馆

浙江人民出版社

浙江省 Zhejiang
Intangible Cultural Heritage
非物质文化遗产馆 Museum

图书在版编目（CIP）数据

以有限　展无限 ：浙江省非物质文化遗产馆 / 浙江
省非物质文化遗产馆编著. -- 杭州 ： 浙江人民出版社，
2025. 5. -- ISBN 978-7-213-11653-7

Ⅰ. G245

中国国家版本馆CIP数据核字第20245DN870号

以有限　展无限：浙江省非物质文化遗产馆

浙江省非物质文化遗产馆　编著

出版发行　浙江人民出版社（杭州市环城北路177号　邮编　310006）
　　　　　市场部电话:(0571)85061682　85176516
责任编辑　柴艺华
责任校对　马　玉
责任印务　程　琳
封面设计　韩　萌
电脑制版　杭州兴邦电子印务有限公司
印　　刷　浙江海虹彩色印务有限公司
开　　本　889毫米×1194毫米　1/16
印　　张　21
字　　数　298千字
插　　页　5
版　　次　2025年5月第1版
印　　次　2025年5月第1次印刷
书　　号　ISBN 978-7-213-11653-7
定　　价　398.00元

《以有限 展无限——浙江省非物质文化遗产馆》编委会

总 策 划：陈广胜

统　　筹：吕伟强

策　　划：叶　菁

顾　　问：安来顺

编　　委：张　雁　郭　艺　吴延飞　祝汉明　范立平

主　　编：郭　艺

副 主 编：吴延飞　祝汉明

执行主编：黄　欢　赖雪芳

编　　辑：韩　萌　邵晨卉　郑凯琛

书籍设计：韩　萌　张晓娟　郑承荣　黄俊杰

全国首座大型
区域综合性非遗馆

目录

总序言

隅见无垠：
与时空对话的浙江智慧

陈广胜

浙江省文化广电和旅游厅党组书记、厅长

钱塘潮涌，越地风长。在浙江这片神奇的土地上，非物质文化遗产灿若星河，既凝缩着先民的智慧，又滋养着当代的文明。习近平同志在浙江工作时，就心系非物质文化遗产保护，强调不能"造成文脉的断裂"，尤其是 2005 年五六月间，他对非物质文化遗产保护传承作出多次重要批示。浙江省非物质文化遗产馆的落成，是我省深入贯彻习近平文化思想的重要举措。她以"有限"展"无限"，恰似一座跨越时空的桥梁，将有限的场馆化作无限的文明长卷，让每一件展品、每一缕技艺、每一段记忆都深深连接着历史与未来。

——名录有限，而文化传承无限。翻开浙江省非物质文化遗产名录，龙泉青瓷的釉色、杭罗织造的经纬、宁波镶嵌的精妙、海宁皮影的灵动，皆以有限的条目列于纸上。但这些名录的背后，蕴含着千百年来无数匠人以指尖淬炼的无限可能。青瓷的秘色釉配方或许仅存于方寸瓷片中，而釉色中流转的，是宋人"雨过天青云破处"的审美哲思；竹编采自山泽之材、出落于乡野之技，但竹丝交织间，却藏着江南水乡对自然万物的谦逊与巧思。非遗名录如繁星索引，指引我们触摸的，实则是中华民族生生不息的创造基因。

——展厅有限，而精神疆域无限。这座以"越山向海"为意象的展馆，用紧凑的物理空间，构筑起浩瀚的精神图景。步入其中，龙井制茶以手作承继千年茶香，金银彩绣用针黹铺陈天地气韵。展馆中一间小小的婺州民居，不过三开间的梁柱，但轻抚厚实的"牛腿"，透过镂空的窗棂，我们可望见宅兹江南"四水归堂"的宇宙观；一组乐清细纹刻纸，在尺幅之地作微雕细刻，却将农耕文明"敬天惜物"的信仰凝为永恒。展馆的边界在此消弭——当龙泉剑匠"十年磨一剑"的锤音透过全息影像回荡，当余杭清水丝绵的春茧借声光技术漫溢空间，有限与无限的辩证，便化作一场跨越感官的精神对话。

——人物有限，而文脉根系无限。永嘉昆曲的"巾生"眉眼流转，台州乱弹的"大面"声震梁宇，这些非遗传承人的身影或许寥若晨星，但他们守护的是文脉根系最深处的生命力。展馆中特别设置了"百工墙"，展示52位国家级非遗传承人的上千张手部影像——他们中有人已白发苍苍，有人正当壮年，但当镜头掠过他们手中的梭子、刻刀时，我们看到的不是个体的局限，而是文明长河奔涌不息的浪花。传承，从来不是简单的技艺复制，而是将仁义礼智信的精神密码，编织进时代的经纬。

——时间有限，而文明对话无限。非遗馆最动人的设计，莫过于"温情、活态、流动"的展陈哲学。在"在乡音故事机"前，游客聆听不同方言录制的传说故事，深沉的乡音乡情乡愁便与今天的繁荣多元活力交互生辉；在"非遗直播间"，全省各地手艺人、讲述者们的实时呈现和虚拟现实影像汇聚于多彩的光影空间，传统的意蕴与数字的审美碰撞出新的美学语言。这让我们顿悟：非遗的活态传承绝非将历史封存于琥珀中，而是以当代智慧、未来科技重新诠释永恒的价值。正如那座名为"传"的沉浸式影院，有限且简洁的技术手段，反而让聚散离合的烟火悲欢获得了无限的表达维度。

今日，当我们立于浙江省非物质文化遗产馆的穹顶之下，仰望以时辰、天象、节气拼合成的"中国时间"，每一个节点皆有不同的规律，先民们以此规律生活、工作、思考，适时而作，应季而动，恰似每一项非遗皆传承着独特的基因密码。但当我们统而观之，看到的却是一幅完整的宇宙图景、文明颂歌，这意味着有限的技艺终将汇聚成无限的文化江山。大方无隅，大音希声。愿每一位走进此馆的人，皆能在此体悟文明的来处与归途：非遗保护，不是挽歌，而是序曲；不是终点，而是让有限成为无限的永恒起点。

专家说

让非物质文化遗产
把人们的心点亮

安来顺

上海大学教授，国际博物馆协会亚太地区联盟主席

2023年8月29日，历经近十年周密筹划和精心研磨，以"越山向海""知者创物"和"姹紫嫣红开遍"为核心的浙江省非物质文化遗产馆的系列陈列展览，以新颖别致且充满创意的方式呈现于之江两岸6600多万人民面前，一时间成为浙江乃至整个长三角地区的重要文化事件，同时在文化遗产和博物馆业界引起广泛关注。一年后的今天，浙江省非物质文化遗产馆拟通过这本《以有限　展无限——浙江省非物质文化遗产馆》，从展览的主题遴选、内容策划、艺术创意、传播设计等诸方面对展览做一次全景式扫描，具有重要的社会文化和专业学术价值。

展示和传播是当今各类博物馆日益重视的两项核心功能，比其他相关功能更加强调信息、知识、智慧、情感及价值观的传播，也更具公众性和社会性。从博物馆学和传播学的意义上讲，非物质文化遗产馆可视为大博物馆概念的重要组成部分，或者说是"主流"博物馆类型的孪生形态，因为在今天的文化遗产认知中，物质与非物质是不应该也不可能割裂的，甚至有研究者指出"没有任何文化遗产不是非物质的"。20世纪六七十年代前后，亚洲等东方国家独特的哲学观、文化观，为非物质文化遗产这一人类共同的遗产事业注入新的动能，为以人为主体的遗产保护、传承理念与实践的形成和发展作出了独特的贡献。然而，在具体展示实践中，如何将非物质文化遗产这些以人和过程为主体的特征在特定时间和空间内进行形象化的阐释和呈现，无论在理念开发还是实现路径层面依然是一个世界性的难题。浙江省非物质文化遗产馆在陈列

展览的创新性探索，为业界提供了可资研究和借鉴的优秀案例。

一方水土养一方人。非物质文化遗产的产生和发展都离不开当地特定社会、经济和文化环境。这种更加鲜明的在地性是非物质文化遗产阐释和传播的另一重要特征。浙江省非物质文化遗产馆的"越山向海"基本陈列以浙江非物质文化遗产代表性项目为线索，以"二十四节气"为时间轴，串联"向海而生""寻山问居""觅水行商"三个地域文化生态中"浙江人的故事"，选取的是"瞭望镜"的视角。而"知者创物"和"姹紫嫣红开遍"两个专题陈列则从浙江的传统工艺和传统戏剧两个剖面，对浙江非物质文化遗产中的代表性类型进行了"显微镜"下的呈现。陈列展览体系纵横交错、点线面结合，对浙江作为我国非物质文化遗产类型最多样、内容最丰富省份开展更深入研究、更有效传承、更广泛传播的意义是不言而喻的。

社会相关性，是包括非物质文化遗产在内的文化遗产保护、传承和可持续发展的关键，它要求博物馆等机构在文化、教育乃至整个经济社会发展语境下发挥独特作用。从文化遗产领域近 40 年的发展变化和清晰可见的趋势看，人们对文化遗产的价值认知不断提升，在巩固了对文化遗产的历史、艺术和科学等"经典"价值认知的同时，文化遗产所具有的重要社会和精神价值已经成为广泛共识。此种遗产价值观念在浙江省非物质文化遗产馆的陈列展览中同样得到了体现，许多内容策划和展示设计都重视了藏品（展品）与社会公众、过往历史与当今生活之间的桥梁纽带作用，强调了阐释和展示众多学科成果的借鉴和融合，使非物质文化遗产馆传播的非物质文化遗产在更有深度、更有温度的同时，更加丰满和鲜活。时光荏苒，岁月无声，文化遗产为我们讲述那一幕幕鲜活的历史，也让我们的心灵因此被点亮。

馆长说

浙江省非物质文化遗产馆
阐释及其展示体系

郭艺

浙江省非物质文化遗产保护中心主任，浙江省非物质文化遗产馆馆长

引言

我国非物质文化遗产（以下简称非遗）保护实践已有二十余年。中华人民共和国成立以来，一贯重视对传统文化的挖掘、整理和保护，如 20 世纪 80 年代在全国各省开展的十大集成编撰工作。此外，民间艺术也在全国引起广泛讨论和研究。2004 年 12 月，我国加入联合国教科文组织《保护非物质文化遗产公约》。2006 年 4 月，《保护非物质文化遗产公约》在中国生效，我国向国际社会承诺保护、传承非遗，维护世界文化生态多样性，尊重人类可持续发展的创造力。在政府主导下，我国非遗保护形成了四级名录保护体系和四级保护机构。在文化体系中，非遗作为文化遗产的一种形态，具有更广泛的群众基础，因此，非遗保护在实践中可赋能于社会发展，如参与社区建设，融入旅游生态，创新文化产业，从而推动经济社会发展。凡此种种，皆因非遗是中华优秀传统文化重要组成部分，有利于增进民族认同，提升文化自觉自信。2021 年 8 月，中共中央办公厅、国务院办公厅印发《关于进一步加强非物质文化遗产保护工作的意见》。2022 年 11 月 29 日，我国申报的"中国传统制茶技艺及其相关习俗"成功列入联合国教科文组织"人类非物质文化遗产代表作名录"。习近平总书记对非遗保护工作作出重要指示，深刻阐明了做好非遗保护工作的重大意义。我国非遗保护已被纳入国家的文化发展规划。近年来，

标志性的非遗保护实践是开展非物质文化遗产馆（以下简称非遗馆）建设。那么，何谓非遗馆？省市县各级的建设目标应各有侧重，无论是功能定位、形式内容，还是展陈逻辑，都需要进行科学探索。

定义及概念解析

（一）非遗及非遗馆概念

20世纪40年代，国际社会关注到了第二次世界大战对文化遗产的破坏，标志性的事件是1954年5月14日在荷兰海牙通过《关于发生武装冲突时保护文化财产的公约》（又称1954年《海牙公约》）。文化遗产作为全人类的财富得到保护，非遗始终是其中重要的组成部分。

1950年5月，日本颁布《文化财保护法》，首次以法律的形式认定了无形文化财的范畴。随后，日本在认定无形文化财项目的同时，也认定项目艺术和技术的代表性传承人。1975年，认定具有重要价值的风俗习惯和民俗表演艺术为"重要无形民俗文化财"。而后，韩国于1962年1月颁布了《文化财保护法》，明确了保护无形文化财的要求。

1972年11月，联合国教科文组织通过了《保护世界文化和自然遗产公约》。1989年11月，联合国教科文组织通过了《保护民间创作建议案》[1]，其"民间创作"的定义与非遗的概念相近。"民间创作（或传统的民间文化）是指来自某一文化社区的全部创作，这些创作以传统为依据，由某一群体或一些个体所表达并被认为是符合社区期望的作为其文化和社会特性的表达形式；其准则和价值通过模仿或其他方式口头相传。它的形式包括：语言、文学、音乐、舞蹈、游戏、神话、礼仪、习惯、手工艺、建筑术及其他艺术。"[2] 由此，民间创作的定义为非遗概念的界定奠定了学理基础。1997年11月，联合国教科文组织大会第29届会议通过了《人类口头和非物质文化遗产代表作条

[1]
1989年11月15日，联合国教科文组织大会第25届会议在巴黎召开，正式通过 Recommendation on the Safeguarding of Traditional Culture and Folklore。此处未直译为《关于保护传统文化和民间文化建议案》，而采用国内对该建议案的通称。

[2]
王文章主编：《非物质文化遗产概论》，教育科学出版社2008年版。

过为这种遗产提供活动和表现的场所和空间，促进这种遗产的传承"。2005年3月，国务院办公厅颁布了《关于加强我国非物质文化遗产保护工作的意见》，指出："有条件的地方可设立专题博物馆或展示中心……各级图书馆、文化馆、博物馆、科技馆等公共文化机构要积极开展对非物质文化遗产的传播和展示。"2005年12月，国务院发布《关于加强文化遗产保护的通知》，指出要积极推进非遗保护，抢救珍贵文化遗产："采取有效措施，抓紧征集具有历史、文化和科学价值的非物质文化遗产实物和资料，完善征集和保管制度。有条件的地方可以建立非物质文化遗产资料库、博物馆或展示中心。"《中华人民共和国非物质文化遗产法》第4章第36条指出："国家鼓励和支持公民、法人和其他组织依法设立非物质文化遗产展示场所和传承场所，展示和传承非物质文化遗产代表性项目。"

非物质文化遗产的系统性保护工作，将更好满足人民日益增长的精神文化需求。2021年8月，中共中央办公厅、国务院办公厅印发的《关于进一步加强非物质文化遗产保护工作的意见》指出，要健全非物质文化遗产保护传承体系，完善传承体验设施体系："在现有基础上，统筹建设利用好国家非物质文化遗产馆，鼓励有条件的地方建设非物质文化遗产馆、推动国家级非物质文化遗产代表性项目配套改建新建传承体验中心，形成包括非物质文化遗产馆、传承体验中心（所、点）等在内，集传承、体验、教育、培训、旅游等功能于一体的传承体验设施体系。鼓励社会力量兴办传承体验设施。研究完善非物质文化遗产馆管理制度，建立非物质文化遗产馆备案和评估定级制度。"具有同等功能的非遗馆是非遗保护的重要载体。非遗馆具备博物馆的文化功能，一方面，非遗馆通过场馆展示提升了非遗项目的认知度和可见度，促进了保护地对非遗项目的传承；另一方面，省级综合性非遗馆具备人才和专业优势，有利于针对非遗实施科学保护措施，更好地保存、研究、宣传、弘扬非遗；更重要的是，为城市提供具有非遗特性的文化传承，充分发挥了传习教育作用，成为中华优秀传统文化传承发展的实践地。

随着非遗保护工作的开展，全国各地开设了非遗馆及相关场所。根据功能定位和场馆形态的不同，我国非遗馆及相关场所大致分为三类：综合性非遗馆、专题性非遗馆、传承体验中心（所、点）。综合性非遗馆主要以区域性场馆为主，其功能是解读和介绍本地区非遗项目的综合情况，收藏、保存非遗项目相关的物质载体，以多种手段全方位展示非遗项目，开展研究和非遗相关活动。专题性非遗馆在内容上更侧重某一非遗项目或门类，往往与相关主题结合。传承体验中心（所、点）则更多元，一般分布在社区或文化场馆内，主要是普及非遗和开展相关活动。目前，非遗馆及相关场所尚未形成明确功能界定，而省市县馆的建设也亟待差异化定位。浙江省非物质文化遗产馆（以下简称省非遗馆）以弘扬中华优秀传统文化为根本宗旨，以科学保护、高质量研究、多维度传承、创新型服务为主要任务，是全国首座大型区域综合性非遗馆，有助于实现浙江非遗保护可持续发展，传扬民族和时代精神。

（三）非遗馆公共性特征

非遗馆建设没有现成的经验可借鉴。遵循非遗保护、传承的宗旨，依据非遗以人为主体的动态发展的文化实践要求，有别于博物馆以物为载体的历史见证功能，非遗馆虽然与其他文化场馆同以为公众服务为目的，却有不同的侧重点，即围绕"人"和"过程"进行展现。《保护非物质文化遗产公约》把相关的工具、实物、工艺品和文化场所视为非遗组成部分，虽然"物"也是非遗不可或缺的内容，但非遗馆不以"博物馆"冠名，更能体现非遗"活态"的文化属性。《保护非物质文化遗产公约》定义的非遗分为五大类，分别是：口头传统和表现形式，包括作为非遗媒介的语言；表演艺术；社会实践、仪式、节庆活动；有关自然界和宇宙的知识和实践；传统手工艺。这些均是以人为中心的各种传统文化表现形式或知识实践体系。《中华人民共和国非物质文化遗产法》定义的非遗包括六个方面：传统口头文学以及作为其载体的语言，传统美术、书法、音乐、舞蹈、戏剧、曲艺和杂技，传统技艺、医药和历法，传统礼仪、节庆等民俗，传统体育和游艺，其他非遗。可见，非遗概念的外延很广。这使得非遗馆具有较强的公共性，具体表现在以下几个方面。

1. 共享性

具有社区、群体认同性的文化遗产，历经时代更迭，成为人类共同的文化财富。这些具有历史、文化、艺术和科学价值的代表性非遗资源，经专业人员的挖掘、整理、保护，形成文化遗产资源成果。非遗资源（包括数字资源）通过非遗馆的传播和服务达到社会共享。

2. 传承性

非遗馆的重要功能是保护、传承中华优秀传统文化，除进行相关知识普及和教育外，还提供系统化专业传习，开展活动实践。此外，非遗馆也兼顾对业务人员和传承人群的培养，为传承提供了必备的条件，使非遗得到有序赓续。

3. 参与性

非遗馆的情景化，可调动观众以"我者"的身份置身于场馆，使观众在场参与并感知非遗的文化意义，从过程中获得文化认同，从而激发观众的文化自觉与自信。

4. 活态性

非遗馆不以静态"物"为主要的呈现对象，而是通过各种手段展现非遗的过程性。非遗虽然有物质的因素、物质的载体，但其价值并非通过物质形态体现出来，而属于人类行为活动的范畴，有的需要借助行动才能展示出来；有的需要某种高超、精湛的技艺才能被呈现和传承下来。[4]

[4]
王文章主编：《非物质文化遗产概论》，教育科学出版社 2008 年版。

5. 社会性

非遗世代相传的文化特性，为民众提供持续的认同感。非遗馆立足于传统文化传承，服务民众精神需求，并兼具聚合非遗资源的平台功能，作用于经济社会发展。

非遗馆与社区、人群活动关系密切，是传统节庆、娱乐活动、传习教育的文化场所，具有城市文化活动中心的功能。非遗馆的内容更贴近生活日常，休闲式的文化消费，构成文化业态的可持续性活力。非遗馆能够展现独特的地域文化，亦可作为文化旅游的目的地，成为社会大众实现文化体验和消遣的共享空间。

展陈逻辑和策展思路

《保护非物质文化遗产公约》中指出："这种非物质文化遗产世代相传，在各社区和群体适应周围环境以及与自然和历史的互动中，被不断地再创造，为这些社区和群体提供认同感和持续感，从而增强对文化多样性和人类创造力的尊重。"人类社会的社区、群体在历史文化的长河中，形成了集体认同的文化生态系统，包括精神信仰、生活和生产方式以及美学形态等，构成了地域人文特色。省非遗馆展陈提取具有代表性和典型性的文化事象进行系统展示，展陈逻辑一是围绕人、时间、空间，体现生于斯长于斯的民众依靠自然环境，开拓一方水土，形成一方人的地域性格，在此背景中诠释何为"浙江人"；二是以非物质文化遗产代表性项目（下文简称非遗代表性项目）作为主体展项，包括联合国教科文组织认定的人类非物质文化遗产代表作，以及我国认定的国家级、省级非遗代表性项目，全面展现何为"非遗馆"，通过场馆的内容呈现人们共情和共鸣的集体文化印记。

（一）人地：集体记忆的文化谱系

省非遗馆基本陈列最初的构想是以浙江文化地理为展陈脉络，展现浙江传统文化的基本形态。明代浙籍学者王士性在《广志绎》中对浙江各地文化特征做过较为完整的论述："两浙东西以江为界而风俗因之。浙西俗繁华，人性纤巧，雅文物，喜饰馨帨，多巨室大豪，若家僮千百者，鲜衣怒马，非市井小民之利。浙东俗敦朴，人性俭啬椎鲁，尚古淳风，重节概，鲜富商大贾。

而其俗又自分为三：宁、绍盛科名逢掖，其戚里善借为外营，又佣书舞文，竞贾贩锥刀之利，人大半食于外；金、衢武健负气善讼，六郡材官所自出；台、温、处山海之民，猎山渔海，耕农自食，贾不出门，以视浙西迥乎上国矣。"[5] 王士性以地域人文为背景观察民俗风情，进而概括地域人群的性格习性。王士性对浙江各地自然地理情况有过经典论述："杭、嘉、湖平原水乡，是为泽国之民；金、衢、严、处丘陵险阻，是为山谷之民；宁、绍、台、温连山大海，是为海滨之民。"[6] 按照这样的思路，省非遗馆试图从文化地理的角度形成基本陈列厅的展陈逻辑。然而，各区域的非遗项目之间将有多项重复和交叉，这一展陈逻辑显然走不下去。经过反复斟酌，省非遗馆最终还是决定立足于非遗本体的叙事表达，同时，兼顾地域文化特征，系统性地呈现浙江省级及以上非遗代表性项目。

非遗需要放在大历史的文化背景中，才能形成完整的叙事体系，从而以人、时间、空间为内在脉络体现"一方水土一方人"。"中国文化中人与时间、空间的关系是三者合一的"[7]。在浙江这块土地上生发出来的文化传统，以非遗代表性项目为基本展项，成体系地展现了浙江非遗的样态。我国非遗代表性项目名录分为十大类别。文化具有系统性和整体性的特点，类别及其代表性项目之间也存在关联性，因此，仅对非遗代表性项目简单地进行概览式的介绍，并不能完整地体现非遗的生态体系，而且容易导致非遗内容碎片化。因此，省非遗馆以时间、空间和人的内在脉络作为叙事铺垫，通过主体脉络即《保护非物质文化遗产公约》五大分类和我国非遗代表性项目名录的十大类别，结合具有浙江辨识度的山、海、泽三个文化生态空间，配合活态展演，音、影像展映等的非遗过程性展示，呈现浙江非遗的系统性文化谱系。

省非遗馆以"非遗"为主体，展示内容围绕《保护非物质文化遗产公约》中界定的五大类别：①口头传统和表现形式，包括作为非遗媒介的语言（人类文明通过两种路径传承，一是口头传承，在文字之前就已经发挥重要作用，二是文字传播）；②表演艺术（中国传统美学，包括祭祀和娱乐）；③社会实践、仪式、节庆活动（蕴含中国传统的生存智慧与生命哲学）；④有关自然界

[5]
[明]王士性：《广志绎》，吕景琳点校，中华书局1981年版。

[6]
同上。

[7]
许倬云：《中国文化的精神》，九州出版社2018年版。

展陈逻辑一：内在脉络

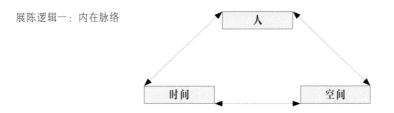

展陈逻辑二：主体脉络

和宇宙的知识和实践（中华民族传统的生产、生活经验和实践）；⑤传统手工艺（中国传统生活、生产、生业的技能）。虽然非遗并非按照时间以线性方式展示，但仍须在历史发展背景中展开，结合文化事象进行叙事，表现非遗项目与传承人、生活生产的关系。因此，两条展陈逻辑脉络形成了非遗展示创新点。与此同时，省非遗馆重视表现风格的整体统一性，把握板块和章节之间的关系，通过视觉艺术传达中国传统美学意象。

（二）节奏：主题及其结构阐释

省非遗馆以一个基本展陈和两个专题陈列构成整个场馆的核心内容。虽然基本展陈和专题陈列在定位和形式上各有侧重，但也有诸多共性。这构成了非遗展陈的特性。

1. 基本展陈："越山向海"

省非遗馆基本展陈集中于一、二层的"越山向海"展厅，对联合国教科文组织认定的人类非物质文化遗产代表作，以及浙江的国家级非遗代表性项目进行总览式展示。

时间、空间和人是一个宏大的叙事体系，世间万物均在这个系统中按照规律运行。二十四节气是中国人从太阳运行规律中总结出的知识，涉及季节、时序、环境和物候的变化，渗入人们的生产和生活中。2016 年 11 月，二十四节气入选联合国教科文组织的人类非物质文化遗产代表作名录，其与非遗的具体事象密切相关。该展陈以二十四节气定义的"中国时间"为主题，作为省非遗馆总序厅内容，体现了人与环境互动过程中顺应自然发展而形成的智慧，也反映了在浙江人的生产和生活中，二十四节气的接续传承。二十四节气作为时间轴贯穿基本展陈"向海而生""寻山问居""觅水行商"三个文化生态空间，呈现非遗项目与地域、人群、生活的关联，体现地域系统性的传统文化生态。

基本展陈以组团的方式在一个整体叙事空间里讲述"浙江人的故事"，不同元素和内容的表达，成为故事的情节、章节的韵律、色彩的表情，它是一个有机整体。基本展陈的主体脉络参照《保护非物质文化遗产公约》五大类别，围绕我国非遗代表性项目，构成"口传·印记"（民间文学）、"手艺·生活"（传统技艺、传统美术）、"身心·智慧"（传统医药，传统体育、游艺与杂技）、"演绎·风韵"（传统戏剧、曲艺、传统音乐、传统舞蹈）和"仪庆·精神"（民俗）五大板块，从不同的角度展现浙江人生生不息的文化传承与再创造。

非遗展陈以内容的多样性营造观众的参与感，将展览与观众的"单向"受教关系变为彼此交互的"双向"关系。一方面，非遗的过程性需要通过现场的演示动态呈现；另一方面，"双向"关系也提升了观众参观的生动性和趣味性。展陈方式除常规的静态实物展示，多媒体互动，音、影像展映外，还引进传承人驻馆展演，形成具有动态性、可看性、互动性的特色非遗展示。由此，展项与观众形成现场交互，从而突出了非遗活态性的过程展示。进馆展演的项目，尽管已经脱离了现实的社会背景而成为代表性的展项，但得以通过场景再现还原其真实性。项目本体依展陈要求进行了提炼和强化，让观众更为直观地理解，进而获得更准确的信息。

2. 专题陈列："知者创物""姹紫嫣红开遍"

浙江的非遗代表性项目中传统工艺和传统戏剧较多。基于"七山一水二分田"的地理禀赋，浙江先民在手工艺中求生计，浙江有"百工之乡"的称谓。传统戏剧是浙江重要的文化传统。浙江是南戏的发源地，随着时代更迭，民众的精神需求和创造力为浙江传统戏剧多样态的发展提供了沃土。无论是物质创造还是美学追求，无论是历史成就还是演进形态，都带有鲜明的浙江印记，塑造了浙江文化的特性。

（1）知者创物——传统工艺厅

《保护非物质文化遗产公约》中有传统手工艺这一类别，我国国家级非物质文化遗产代表性项目中有传统美术类和传统技艺类两类，传统工艺大多属于以上类别。浙江省的省级及以上传统美术类、传统技艺类代表性项目共计 464 项，为浙江非遗代表性项目中数目最多的类别。无论是非遗代表性传承人，还是关涉的行业都处于翘楚地位。传统工艺厅依据春秋时期文献《考工记》中"知者创物，巧者述之守之，世谓之工。百工之事，皆圣人之作也"[8]的记载，以"知者创物"为传统工艺厅主题名称。在数千年的发展进程中，浙江工匠依托于地方的丰富物产，创造出品类齐全、品种丰富、技艺精湛的浙江传统工艺，形成各有特色的造物文化和用物民俗，不但是集体记忆的沉淀，也反映了浙江人的审美取向与精神信仰，再现了民族的本来面貌。[9]

展陈以"一条脉络、两大展览、多个可变空间"为展示方式，通过三方面内容进行呈现：一是以代表性的家族传承体现传统工艺完整的传承谱系；二是以典型性的作品实物表达技艺的可视性；三是呈现传统工艺的当代使命，以传统工艺的高峰为圭臬。纳入精品区的项目均具备"双国一大"条件，即国家级非遗代表性项目、国家级非遗代表性项目代表性传承人，以及中国工艺美术大师。传承区的代表性家族为四代以上传承，且家族中有国家级非遗代表性项目代表性传承人。换展区定期更换主题，展示当代传统工艺顶尖力作，做到展陈内容常新。

[8]
于民主编：《中国美学史资料选编》，复旦大学出版社 2008 年版。

[9]
"知者创物——传统工艺厅"前言。

传统工艺厅运用现场和影像等方式体现非遗的在场性。通过塑造再现式空间场景，传统工艺厅围绕非遗活态性强化情景式状态，以现场空间展示说明专题内容，还原非遗项目所处的情境，多维度地表现传统工艺文化形态，传导浙江传统工艺的技艺精神。再现式空间场景是除静态展示外最普遍的展示方式之一，通过人或相关物品等道具模拟非遗事象发生时的人物、事件、场景，呈现技艺传承时的环境情况、人的状态、空间的形态，对非遗项目进行艺术性还原，使得展示与观众产生沉浸式的情绪共鸣。

（2）姹紫嫣红开遍——传统戏剧厅

传统戏剧厅的展陈以"一个视觉中心、历史脉络、动态表演"形成动静结合的展示展演空间。视觉中心的传统戏台不仅是省非遗馆的重要展品，还与建筑空间一起构建成之江文化中心的视觉地标"非遗之眼"，参观者可以通过建筑的大视窗"非遗之眼"看戏外世界，观戏中人生。观众可在传统戏剧厅赴一场时光之约，看一幕人世繁华，走进浙江传统戏剧的台前幕后，感受戏里戏外的人文和故事。

传统戏剧厅采用沉浸式观演的展示方式，观众可在传统展演空间中系统解读传统戏剧的表演形态和历史背景。传统戏剧厅的展示内容主要是以下几个方面。一是展现传统戏剧要素。传统戏台作为展示的主视觉，营造出与传统戏剧相关的情景，包括戏服、道具、行话、文献以及戏台上的表演，既展现传统戏剧历史文化，又还原了真实的表演空间。传统折子戏轮番上演，传递着浙江的文化韵味。二是展现传统戏剧之美。戏里有故事，故事里有道理。传统戏剧厅重视传统戏剧的传承和普及，为观众打造传统戏剧入门的第一课，形塑了百姓的精神人格，涵养了观众的艺术和审美情趣。三是展现传统戏剧的过程性。台上一分钟，台下十年功，"唱念做打""手眼身法步"，由浅至深看门道。传统戏剧厅以经典剧目的元素造型置景，采用后台前置的方式，引导观众了解传统戏剧程式化的形态，揭开传统戏剧幕后的神秘面纱。从台前演绎至幕后，可听可赏可看，不仅满足观众的好奇心，也足以让戏迷过把戏瘾。

展、演多重形态的再现表达

非遗馆体现了非遗在场、在地、在线的三种形态。在场，非遗馆围绕文化遗产的活态特性，引入非遗项目和传承人进行驻场展示，带动观众参与互动，开展非遗项目体验和传习活动，使得观众参与、共享场馆内容，让展陈成为动态的生命体而不断出新。在地，非遗馆注重体现地域文化特点，使各地丰富的非遗项目构成具有标识性的人文形态，呈现生动鲜活的文化创造力。在线，非遗馆采用数字技术，借助互联网突破物理空间，成为"无界"的场馆。场馆展陈设计强化视觉效果，传达中国传统美学，提升展陈内容的张力。

（一）感知：参与体验式展示

非遗的参与体验式展示把观众带入非遗的语境，建立"传承人"与"观众"之间的联系。这种联系具有文化传承性，通过参与体验和过程性的表达得到了强化。观众在现场，通过与传承人的交流，在言传身教中感受工匠精神；通过口述、对话等情感化的表达，理解传承人的造物智慧、精神世界，以及对生活美学的执着追求；通过传习实践，直观地接受包括材料、工具、技法、流程等在内的过程性知识体系。参与体验式展示让观众系统地了解被阐释的对象，展现有形载体内的非物质的文化形态。

非遗参与体验式展示可分为主题型体验式展示与感知型体验式展示。主题型体验式展示包含项目的过程性展示、解析性展示、整体性展示三类。其中，过程性展示是指项目的现场技艺展示。观众在场馆可以观看传承人的非遗制作过程，也可以亲自感受非遗制作。如在锡雕项目某个工艺流程的过程性展示中，观众可亲自进行錾刻。解析性展示指以项目生产或发展为脉络，对其各个不同时段的过程和工艺流程变化进行展示。如蓝印花布工艺流程的分解比对，展示工艺过程性的细节变化，让观众可以通过直观视觉传导获得理解该项目制作原理的知识信息。整体性展示重视数字影像的运用，呈现非遗所具有的非物质性的较为典型的动态过程，为观众主动参与提供多种选择，如百双技艺之手的影像墙，数字技术实录了技艺的过程，并转化为可视的图像让观众产生联想式的认知。

感知型体验式展示为非遗展示提供了诸多参与体验的可能，主要有以下几种形式。

1. 传承人展示

邀请与展陈空间和内容相关联的传承人驻馆，进行过程性的展示。在此过程中，观众可以动手体验，以增加对展项的认知，展陈本身也在传播非遗文化的同时达到传习的目的。若采用此种形式，要考虑可持续运营，做好维护工作，做到前有规划后有机制，保障常态化运行。

2. 沉浸式展演

非遗项目体系中一部分是传统表演类项目，这些项目与特定的场域有关，因此，还原表演的空间氛围，更为真实地呈现传统的演绎状态十分重要。此类项目可采用两种形式展现。一是还原型的展现，二是剧场型的展演。当然，这两种形式各有针对性。还原型的展现主要侧重常态式的展示，要具备固定的场域和展演项目，形成专题性质的展示；剧场型的展演则将具有代表性和典型性的项目进行舞台化的展演。

3. 直觉式感知

展陈形式的直觉体验可强化观众对非物质形态的认知，引导观众产生共情。五感是调动记忆的有效方式，早在 20 世纪 80 年代，美国博物馆就尝试通过感知为残障人士提供展示内容的传导。后来，这种方式逐步在文化场馆中被使用。在展陈规划中设计触觉、嗅觉、味觉、视觉、听觉等诸多互动，可以为观众带来直观认知。如茶空间的茶香，古琴听音空间的檀香，不同纸张的触感，中医药的草本形态和草药的气味等，人们感官的体验与非物质性有天然的契合，可帮助观众较全面地了解非遗非物质性的文化价值。

4. 交互式体验

参与体验是非遗知识学习的补充，观众可以以交互的方式搭建廊桥结构和榫卯结构，从而深度感知传统营造技艺的构造原理，了解传统营造法式，加深对非遗的认知。木版水印技艺的动手实践，让观众与传承人进行互动，获得制作过程性的体验。交互体验是传播非遗的重要手段，也是展馆鲜活的亮点，是最吸引观众驻足的展示内容。

（二）变化：动态拓展式内容

非遗馆要准确地反映非遗的各种文化事象。所谓"准确"不是针对名录的介绍，而是针对呈现的非遗事象的系统阐释。省非遗馆基本展陈的"口传·印记"板块包括传承人讲述的故事、故事传承的历史脉络、故事分布的线路区域、传说故事的各类艺术形态，以及实物文献，此外，再辅以名录介绍。"手艺·生活"板块讲述浙江人为谋求生计而形成了"百工之乡"。手艺是谋生的手段，与民生相关，与浙江人"格物"的精神相关。展陈最终要通过艺术性的视觉呈现，达到视觉感知和美学要求。展示不能缺少作为非遗载体的实物，它既是与代表性传承人产生关联的物品，也是非遗事象的代表性佐证。当然，展陈的实物不需要面面俱到，但要有象征性和代表性。比如，浙江的传统工艺按照材质可分为金属（锡雕、铸剑、剪刀）、陶瓷（龙泉窑瓷、越窑瓷、婺州窑瓷）、竹器（竹编、翻簧竹刻、竹根雕）、印染（桐乡蓝印花布、温州夹缬），与之对应的实物不仅是工艺作品本身，还有各类制作中使用的工具。制作工具是共性的，本身就具有象征意义。"演绎·风韵"板块的传统音乐项目中的展陈实物选取了与代表性传承人相关的乐器，每件物品都是象征物，都阐释了非遗项目在传承过程中的演变，展示了事件或情感或现象，简单直观而具有说服力。展示内容可用过程性的数字影像呈现，其优势是全面系统且可随着内容的变化进行调整，为后续的更新提供可操作的空间。

非遗能够随着时代变化不断再创造，拥有"活态"的动态发展能力。因此，非遗展陈要符合非遗本体的规律，体现可持续性和样态的丰富性。展陈可根据时间、空间、设备等进行迭代设计。采用定期换展的布展模式，在常设展中设置换展区，展品分批入驻，根据固定的时间周期调整主题内容与相应展品。利用灵活可变的展览设备，采用可移动、可组合的模块化展墙、展柜和展板，适应不同模块和不同展品的要求，节约后续换展成本，达到让展示形式适应各种主题内容的目的。以影像表达的多种可能完善内容信息。数字影像记录是非遗项目过程性展示的理想手段。同时，数字影像可以进行多次创造处理，让表达的内容更为充实和丰满。

非遗馆内容建设需要各种丰富的活动内容和多样的展示形态，以持续释放非遗的文化活力。只有坚持可持续的理念，才能形成场馆特色，满足展示需求，推动健康发展，为非遗馆的文化传承和场馆服务提供创新的内生动力。

（三）虚实：数字分享式呈现

传统静态实物展示无法体现非遗的过程性和活态性，而数字技术是解决这一难点的有效途径之一。通过科技手段捕捉动态变化，可以取得生动的过程完整性和艺术创造性的展示效果。数字音、影像的技术性运用也为真实地展示非遗项目提供了可能。利用这些技术，不仅可展示非遗的过程性，也可以实时直播正在发生的民俗事象，突破时间和地域的局限，营造在场的沉浸氛围。展陈采用图像化与信息化手段对展示空间界面进行转化，利用数字视频技术将非遗事象制成视频、图像，进而利用数字媒介使展示空间界面投射出相应的影像，从而进行动态展示。合理利用三维空间构造进行视觉渲染，使展示界面不再限于静态形式，而还有动态的影像形式。巨型的屏幕组成了公共的展示空间，沉浸式的动画使得现实成为情景式的艺术空间，观众身临其境成为非遗的参与者和传播者，展示空间的传播力便得到了极大的拓展。

非遗数字化的"虚和实"在使观众产生真实感受的同时也延展了非遗的文

化性。一方面，非遗的过程性展示是阐释非遗的重要方式，数字技术为非遗的采集和保存提供了条件，也是目前非遗保护工作中常采用的技术手段，音、影像成为非遗藏品中不可或缺的一部分；另一方面，数字运用是非遗资源转化的手段，科技手段可以再现非遗的文化内涵，让数字技术为艺术创作赋能，使非遗成为创新力的引擎，以激活传统文化基因，使其作用于当下生活。数字化的"虚"在于创造性的设计，与展陈设计相融合形成项目叙事的互补，提升了观众的兴趣，增进了观众对项目的感知。如动画粒子沉浸式空间影像、分解式多媒体互动装置，在对非遗项目进行研究的基础上对非遗进行转化，虚拟的数字创作扩展了非遗的呈现样态，吸引更多人认知和喜爱非遗。数字化的"实"在于资料素材的采集，这是一项繁杂的工作。根据非遗完整系统记录的原则，非遗相关资料需要分类采集、保存。代表性传承人的口述、实践等影像数据为动态展陈提供丰富的基础素材，经后期加工编制，这些素材将以不同主题得到展示。采用这类素材制作的如投影、多媒体、音像视频等非遗叙事性展示，再现了非遗项目的真实性，不仅对非遗项目进行了妥善记录保存，也能更好地还原项目的本体。

科技手段让影像有了多种可能，为还原非遗原本的环境赋予了观众"在场"的氛围，营造了鲜活的场景。当然，非遗展陈的数字化要物尽其用，要体现艺术视觉，要与内容融合，避免滥用数字化简单地替代内容和设计。我们倡导采用实物性的互动、交互的材料，让观众真正体验到人与物的触感，达到身心参与、手脑并用。数字化更多的是辅助项目内容的阐释，使内容与观众零距离而更具亲和力。

叙事性演绎的动线空间

省非遗馆建筑面积为 35000m²。其中，展示展演和传习体验空间主要分布在地下一层至地上四层，面积约 15000m²，约占总建筑面积的 43%。省非遗馆设有一个基本陈列厅和两个专题厅，专题厅是结合了浙江丰厚非遗资源的传统工艺厅、传统戏剧厅，此外，还有可容纳 200 人的专业剧场、非遗数字和文献中心、非遗研创中心、非遗传承体验中心和临展厅等多个特色功能空间。场馆的空间规划需要围绕展馆内容，明确功能定位，从而实现展陈空间的合理布局。建筑物是固态的物理空间，所以，要通过内容的表达强化建筑空间的文化属性，比如以建筑空间与环境、人文、生活的关联构建建筑内部空间展示与外部周边景观的协调性，并使这种协调性成为展厅视觉的一部分。"越山向海"的海洋文化空间、"觅水行商"的江南水榭空间，以及传统戏剧厅的传统戏台空间，均体现了这一理念。一物一景、移步换景，从建筑构造上成就了一个更大的展示空间。

（一）结构：内容延展的空间层次

非遗馆不仅是保存非遗代表性实物的场馆，更是非遗保护传承的公共文化场所。除具有展示功能外，非遗馆还开展艺术展演、文化传习、传统节日庆祝等活动，是一个具有文化综合性的复合体。因此，非遗馆的场馆空间应满足多元文化需求，即在同一空间呈现多样态文化现象，为人们提供不同形态的文化体验。在参与式的文化共享空间中，观众可通过不同的活动，在各种特色空间中感受传统文化的魅力。非遗馆的这种"复合"不同于物理的"组合"或内容的"混合"，而依托于非遗展陈内容的逻辑框架，根据内容之间的关联形成有序组织结构，构成空间的表意系统。观众在休息的同时可以欣赏展品，也可随着展览内容的引导进入体验状态。内容可变的临展厅突破了传统封闭状态的围合空间，在不同时段或板块植入讲座、展示、传习活动等，促成主题内容和关联活动的流动，形成展示空间各种功能的复合和交融。多样态的结构让内容和功能得以互相补充，因此，空间与内容的黏合度更高。传统独立的小空间被改变，取而代之的是围合度较低的整体性大空间，观众在这里的活动更为多元，分众式参观与互动体验可同时进行，增强了观众的自主性和参与性。

场馆空间布局以内容为导向，人性化视觉节奏营造了展馆的友好空间。如省非遗馆海洋文化空间以一艘巨大的舟山"绿眉毛"海船作为展厅主视觉，打通一、二层，形成了具有包容性的大空间，拓展了不同内容的展示空间，根据功能的需要可多层次、多方位、多形态地呈现，为观众提供多元立体的系统性展示。根据观看方式和观看时间的不同，展示空间的观展方式可细分成"停留观看"与"行走观看"，构成驻留性空间与流动性空间协同的多层次空间结构。展演空间需要视觉媒介。传统戏台是传统戏剧厅主体展品，以戏台为载体打造情景式氛围，再现传统观演环境，场景与表演共同构成传统戏剧展演的真实状态，充分带动观众的情绪。更重要的是，传统戏台在整个建筑的空间设计上形成了还原场景，让观众沉浸式地欣赏传统戏剧表演，为普及和传承传统戏剧提供了必要的场域。

非遗馆展示的非遗项目，尽管在场馆空间中被还原，但总归脱离了其原本的存在环境，经过了研究性提炼和艺术性转化。因此，在场馆中直观可视的只是项目的典型部分，更多的内容需要借助其他形态同步输出。存在于场馆的非遗项目分布在展示空间中，只有合理布局才能准确地传达项目内容，以便观众理解。无论是视觉传导还是文化表达均有利于非遗项目的传承传播。

（二）变化：结构组合的多变空间

为了维护非遗馆非遗"活态"的基本特性，非遗展示活动往往不局限在固定的场所，不囿于传统的空间模式，而面向更具灵活性和可变性的空间。通过弱化各功能空间的独立性，进而达到空间使用的多变和功能的多样，有效获得灵活可变的包容性空间。内容板块的分割，或是采用通透性手法进行的分隔，使得空间围合被弱化。这样，空间既有连续性，又具有一定的功能分区，空间的弹性为内容更新提供了条件，观众得以有更为灵活多样的动线和更自由的参观选择。非遗展示就是一种动态的演绎，其展示形式不同于橱窗式的静态呈现，参观者对过程的观赏也不限于观众的位置与角度。非遗展示利用空间的多元弱化展墙的围合，使得各功能空间之间的组合保持一定的联系，为观众多方位、多角度欣赏提供了可能，丰富的场馆空间也具有了一定的趣味性和体验性。

非遗展示的展品本身对光线没有特殊的要求，因此，展示可以改变以往的封闭空间和人工照明模式，使用简约表面和自然采光。如"知者创物——传统工艺厅"的展示强化展品的视觉核心，从而弱化灯光变化，排除文字、图版等的干扰，采用多媒体设备传达丰富的内容和知识，不灌输性地强制观众接受大量信息，观众可自主选择需要观看的内容，减轻了观展负担。展厅充分利用有限空间，根据非遗的特性设置了三个内容区域：以非遗为载体的实物展示空间，展示代表性作品；以传承谱系为脉络的空间，展示过程性的解析，如家族历史、制作工具、技艺实操过程等；以沉浸式互动空间，通过影像空间体现传承人"在场"的技艺展示。通过以上三个空间的构建，观众得以在不同维度感知传统工艺非物质性的文化形态。

非遗项目离开原有的生态环境将成为具有象征意义的存在。当然，作为典型的文化事象，非遗在被准确阐释的基础上，辨识度也应得到强化，方法之一即采用多变化空间体现非遗丰富形态。为此，非遗展陈空间规划就尤为重要。

（三）流动：自主介入的观展动线

非遗是人类在长期历史进程中形成的具有相对稳定形态的精神文化与生活传统，它鲜活地扎根并存在于社会。因此，其展示活动要贴近生活，让观众在人间烟火中领略传统文化的价值，参观动线也以此为逻辑设计。参观动线不能一味地围绕展品、文字信息等内容设置，而要考虑观众在过程中的感受，给予观众足够的自主性，让人们可以自由选择参观的内容，从而获得轻松愉悦的审美体验。传统展示模式的动线往往使用强制性的设计，设计不可逆的参观路线，在文字说明的指引下，引导观众按照预设的固定动线进行模块化的参观。这种参观方式比较刻板，很难顾及参观者的感受。

非遗展示应倡导观众自主参与。在共享空间中的闲散式参观，更符合非遗事象的表达诉求。即便是同一个展示活动，也可以设置多种功能动线的交集组合，让参观者可以进行全方位的欣赏和感知。与此同时，还要使观众对参观动线一目了然，提高动线的可见性与可选性，让观众的自由度得到最大化。非遗展示活动本身就具有游戏性与消解性的特点，在设置动线的时候，要将参观流线和体验流线交叉设置，让观众在欣赏非遗项目时也能够体验各种参与性项目。这种多感知的展示方式可以使非遗得到更好的传播。欣赏、参与以及互动的逛展方式，让场馆空间实现了从"殿堂"到"广场"的转变，轻松的调性强化了展示空间鲜活的生活气息。如基本陈列厅中设置了多个组团式的展区，为参观提供了多条流线，观众可以于其中穿梭往来，在自己感兴趣的展区驻足参观体验。同时，展区请驻馆传承人现场展演，并在周围预留了互动体验的空间，观众可以通过赏、看、做来参与、感受非遗。由此，展示空间更具公共性和开放性。

（四）场域：文化导入公共空间

非遗馆通过展陈内容和场馆活动构建参与式文化共享空间，场馆的公共空间与观众的黏合度更高。观众对空间的需求趋于一致，虽然展陈区与公共区有一定的边界，但与非遗相关的元素散落于场馆的各个空间，场馆的个性和风格得以体现。这种具有辨识度的空间肌理，更易于观众理解场馆文化内容，帮助观众进入场馆所表达的情境。当然，除了场馆提供的文化服务功能，舒适、便捷、干净、安全，以及为特殊人群提供的服务也是公共空间应具备的条件。

空间的文化表达设定了场馆风格，非遗是彰显非遗馆文化属性的重要元素，无论是内容的拓展还是材料的运用，都能为场馆空间注入文化感染力。场馆内的标识标牌是为观众提供便捷服务的功能性设施。省非遗馆的馆标以非遗内容为表达符号，以代表江南营造的粉墙黛瓦、传统天地观的哲学智慧以及古琴的音律等构建非遗馆的标识内涵，进而衍生出与该图形相关的系统，从而构成省非遗馆馆标的文字和色彩体系。这些字体和样式在建筑空间里也无处不在，形成了省非遗馆空间的文化个性。由此，空间、图形和色彩亦在传导文化，使观众对场馆空间产生了第一印象。

场馆文化服务体现对人的尊重。省非遗馆在观众线路、公共空间以及设施设备等各方面都体现出人性化，这种人文关怀关涉到场馆空间的细微之处，如母婴室、存物间、公共卫生间，无论材料还是标识图像都在体现文化的情感和温度。

非遗馆的内容丰富而多元，公共空间可视作展厅内容的留白和展陈篇章的间奏，成为观众观展后的缓冲地带，为观众营造休憩松弛的氛围，有利于文化场馆感官体验的强化，观众得以在大量文化信息和参与活动的热闹中让心绪暂作停留。

公共空间界面既是视觉传播的焦点，也是场馆导引的过渡空间。因此，要把握公共空间单一和展示空间多层次之间的尺度，通过空间变化区分功能边界，让不同空间在整体公共场域中发挥各自不同的作用。无论是展区还是公共空间，文化始终都存在其中，展区与公共空间相互渗透、关联，共同构建身心俱安的公共文化场域。

结语

在全国首座大型区域综合性非遗馆——浙江省非物质文化遗产馆建成开放后，各省也将陆续建成非遗馆或开展非遗馆建设规划。区域综合性非遗馆因包容的内容广博多元，且为原创性构建而面临挑战。因此，首先，要研究非遗的根本特性。非遗其非物质性的表现形式构成了非遗馆的独特形态，影响了非遗的展示逻辑的形成。其次，要系统性地阐释非遗的人文价值。非遗的展示体系在整体的文化生态中才能被准确地表达。最后，要全面思考非遗展示的方式和形态。一方面，非遗的非物质性是展示的难点；另一方面，非遗的非物质性也提供了多种可能，展演、体验、互动等形式丰富了展现范式，构建了观众与展项之间的动态关系，成就了参与式的文化共享空间。

非遗馆建设是一项基础性、长远性、系统性工程。目前，各地的非遗馆建设亟待科学指导，发展进程需要更加规范。一是需要开展顶层设计。非遗馆建设在经费、职能、编制等方面需要政策支撑。二是要实施分类指导。按场馆类型和省市县馆分级建设的要求开展试点并总结经验。三是探索评估定级机制。制定相应建设、业务标准，完善非遗馆体系建设。四是要加强工作保障。在人才培养和能力建设方面寻求支持，推动非遗馆可持续发展。

在运行过程中，非遗馆要突破展馆物理空间限制，发挥社会参与、传承人驻馆、数字化新媒介的优势，加强馆内观众与社区人群，在校学生与非遗传承人，场馆人员与研究者等不同人群和不同地域之间的交流。场馆要与非遗代表性传承人、非遗保护单位、非遗保护中心开展广泛合作，并根据非遗项目的特点和周期性传统节日活动，使展馆内容契合非遗的特性并作用于非遗的保护传承。

省非遗馆围绕展演与展示同台，活动与项目交融，内容与观众互动，成为以人为本而"温情"、以动态展现而"活态"、空间多元而"流动"、以有限展无限而"无界"的场馆，促进了场馆与城市、人群、时代的融合，兼具创新活力，具有面向未来的生命力。通过非遗馆的当代实践，文化遗产的创造性转化和创新性发展得以实现，文化遗产将成为人类永恒的精神财富。

展馆概述

自之江文化中心立项开始，浙江省非物质文化遗产馆从零开始探索省级非遗馆的建设之路。这期间的努力与艰辛、迷茫与思索，在开馆后都汇聚成前行的能量，敦促我们更积极地投身公众服务，反思非遗工作的成效。省非遗馆的建设过程，是对浙江省非遗保护工作的阶段性总结与展示，更是对非遗空间化展示的探索过程。

正因是探索之路，各阶段工作也是处于摸索与尝试的过程中，需要不断地反思、调整与优化。省非遗馆的探索呈现了非遗展示的一种可能性，借此简要总结、分享经验，期待未来看到更多新面貌、新模式。

特质分析

以非物质文化遗产为主要对象，并且以一省之名建立大型展馆，这在全国乃至全球都还处在摸索期，并没有成熟的经验或模式可以借鉴。因此，省非遗馆建设的重点，在于探索符合非遗特性的叙事体系与展示模式。为此，我们追索非遗的定义，寻找最重要的非遗内核，应以此作为后续所有工作的基点。

博物馆展示以物和历史为核心，而非遗展示的核心是"人"与"过程"。"人"是承载非遗的主体，"过程"是指世代传承或者传播非物质文化遗产所经历的过程，这也符合联合国教科文组织对非物质文化遗产的定义。

基于"人"与"过程"这两大关键词，我们认为省非遗馆应当是一座以人为本，有温度的、温情的展馆，不论是展示的内容还是空间的体验都应是活态、流动的，并且不受限于固化的形式与物理空间，是无界的；而注重传承性的要义，让展馆也成为非遗传承过程中的重要参与者，因而展馆需要展现出与人群、市场、时代的融合性，当然也要同时兼备着眼当下的活力和面向未来的生命力。因此，省非遗馆的建设会紧紧围绕"温情""流动""无界""融合"与"未来生命力"这五大核心特征展开。

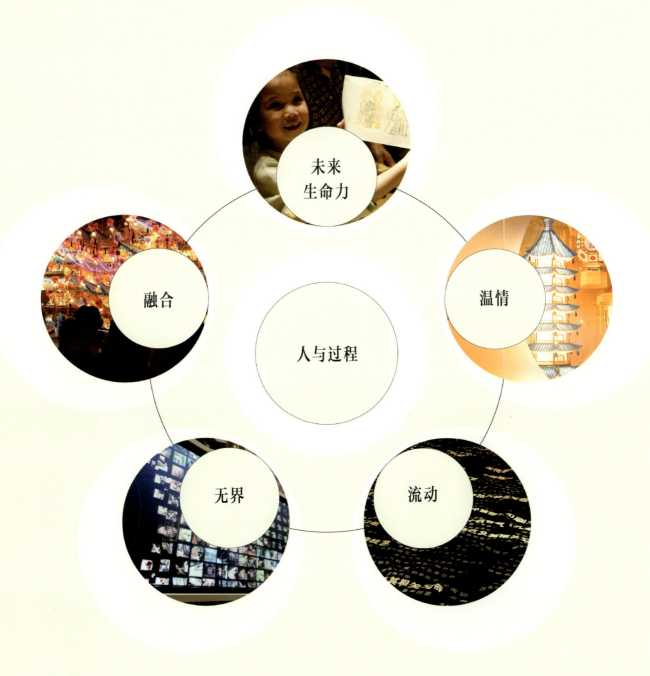

未来
生命力

融合

温情

人与过程

无界

流动

五大核心特征关系图

正因为非遗关注的是人，它不只是体现文化传统的产品，更是可见、可参与的生活，所以，我们希望通过"我""我们"的第一人称视角讲述"浙江人"的非遗故事，然后将这些故事和体验还原到相应语境，通过语言设计营造生活化的情境。为此，展览用第一人称的视角记录非遗故事，采用"实物＋媒体＋互动"等多重手段，表现不同生活环境下人们的生产与生活方式。非遗馆的温情，还体现在针对不同的观众群体进行人性化设计上，如观众的参观流线设计，使其能便捷到达各个展厅与服务空间，以此满足不同参观群体的需求；利用空间的方式将时间的流动和变化呈现给观众，包括对非遗项目的跟踪记录、展示与传承，也探索周期性更新的共建机制。基本陈列的海船和传统戏剧厅的传统戏台是馆内两件大体量展品，我们在立项之初即同步确定拍摄计划，全过程跟踪记录海船及传统戏台的营建过程，让这段过程性的时间表达与海船、传统戏台一起成为核心展品。在展厅内，海船和传统戏台既是展品也是展示的载体；而对外，则成为非遗馆的形象代言人，配合建筑设计预留的窗景，成为之江文化中心的视觉地标——"非遗之眼"。

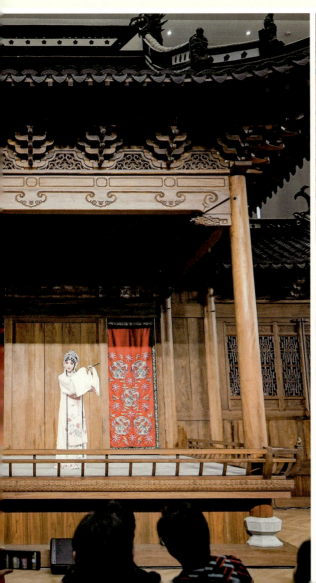

非遗的"活"，不仅仅停留于表象，更是一种思维方式和生活态度。我们希望打破展馆固有的物理空间，让展馆内各空间充分互通，尝试不断拓展外延，让整座展馆流动起来，实现省馆与地方的互联；更希望借助数字化新媒体的优势，打造浙江省非遗资源的共享平台，让省非遗馆成为观众与非遗原生地居民、普通公众与非遗从业者、城市与乡村、省馆与地方非遗保护中心等不同人群和地域之间的摆渡者。例如，一层总序厅，可以突破既有形态，与公共大厅、户外广场共同作为展演舞台，甚至可以连通到地下一层的临展厅、非遗研创中心与非遗传承体验中心，勾连起上下空间、展馆内外，将整个展馆打造成非遗沉浸空间。再如，三至五层的室外平台，在以园林小景的形式展示传统造园技艺的同时，也可以为观众提供休憩放松的场所。又如，依托越剧、昆曲、绍剧、木偶戏等浙江特色戏剧，可在负一层之江文化中心公共服务中心，以"快闪"方式引导人流进入非遗馆，最终在三层戏台正式演出。此外，展馆里还在四楼非遗数字和文献中心预留了直播端口，可以借助数字媒体的方式，植入非遗项目原生地的信息，打破物理空间的限制，实现省非遗馆与各地方保护单位之间的互联互通。

　　我们的省非遗馆不是单向输出式的说教场所，它更关注并探索"人与人""人与馆"的关系，希望通过非遗展示与体验、技艺传习与研学、数媒记录与分享等双向交互性的多种实践，改变人们对传统文化的认识，让非遗成为当下的生活方式，激发公众的创造力，进而重新思考非遗的未来之路。

非遗的当代实践，是优秀传统文化与现实生活相融合，实现创造性转化和创新性发展的过程。非遗馆正是实践这一融合转化的最佳场所。省非遗馆尝试探索"以展馆为主体、以产业为依托、以市场为导向"的非遗运营新模式。比如，一层的非遗衍生品商店，为观众提供非遗文创体验服务的同时，也成为省非遗馆最后的展厅。在这里，观众可以欣赏、购买有意思的作品，也可以与设计师、传承人交流，成为非遗实现产业转化的平台之一。作为社会平台的非遗馆，非遗与产业、市场、旅游、消费相融合，只有融入人们的生活当中，做到见人见物见生活，做到创造性转化，才能持续性地传承发展。因此，培育是非遗传承的重要途径。为此，展馆内还设置了不同定位、功能的空间，让非遗扎根不同的人群。比如，四层的展示教育拓展室，以传承传习为核心，面向代表性传承人和传承人群开展专业研培、研习和研修活动，促进行业内群体的交流互通，面向有一定基础的爱好者开展传承班等培训项目，与学校进行馆校联动开展非遗研学课程。地下一层的非遗传承体验中心，面向不同年龄层的来访者，设置具有适传性、趣味性和不同难易度的体验项目，配备专人指导，特别是针对青少年，可以培养他们的创造力和动手能力，激发创新意识，为非遗培育年轻的群体。

我们希望，这是一座有生命力的非遗馆，让人愿意来、留得下、带得走，兼
具务实的态度、前瞻的眼光与创新的魄力。

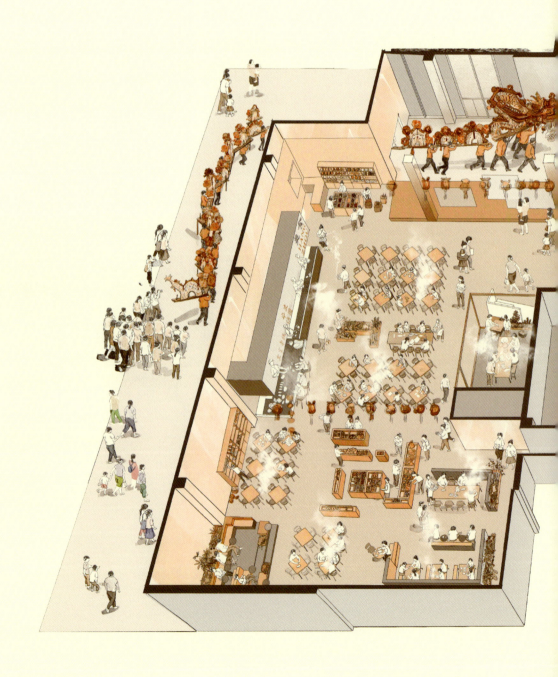

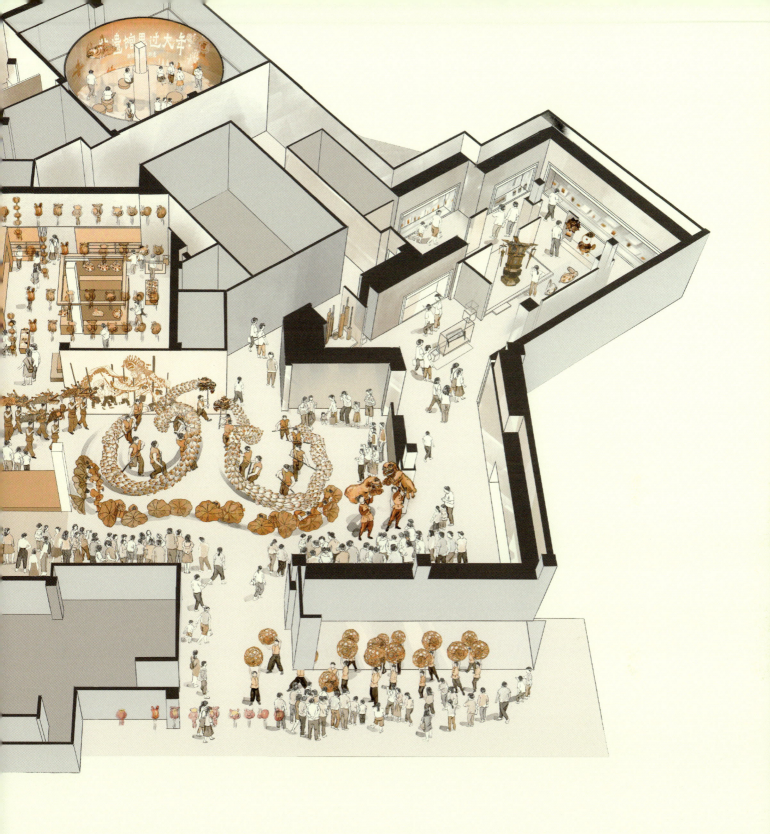

功能定位

    从展馆定位分析，省非遗馆是一座省级区域综合性非遗馆，肩负着导览和解读浙江地区非遗项目综合情况的职责，其主要功能包括：保存、记录非遗相关的物质载体和现象过程，对非遗项目实施科学的、整体的、可持续的保护措施，同时，深入研究、挖掘其遗产价值，通过展示、教育实现遗产价值的公共化，并围绕非遗相关资源进行利用和研发，在传承非遗相关的生活实践和精神观念中实现创造性转化、创新性发展。除此之外，省非遗馆还须超越展馆固化的形态，激发并带动在地及周边地域活力，融入整个之江板块的文化生活，成为营造城市活力的文化场所，并发挥跨越地域的影响力。展望未来，省非遗馆将是一座能激发城市活力、富有浙江特色、具有当代性的非遗展示空间，是大众与非遗沟通的桥梁。基于此，省非遗馆建筑的功能空间包括管理和研究空间、公共服务空间、库藏空间和展示教育空间。其中，展示教育空间立足于非遗特性以及浙江非遗的特色进行重点打造。

非遗数字和文献中心

展示教育拓展室

传统表演艺术厅

专题厅一 传统工艺

专题厅二 传统戏剧

非遗传承体验中心

非遗衍生品商店

基本陈列

非遗研创中心

临展厅

省非遗馆空间构成

非遗是活态流变的，非遗的展示内容和空间体验也应是活态的、流动的。作为其中最核心的部分，省非遗馆的展示教育空间采取了"一个基本陈列＋两个专题展厅＋数个特色空间"的模式。

基本陈列是区域综合性非遗馆的基本配置，从整体上呈现浙江非遗样貌；专题展厅以常设单元形式展现浙江非遗的特色和精华——传统戏剧和传统工艺；特色空间是基于非遗特性打造的新空间，包括一个可分可合的临展厅、以非遗资源为核心的非遗数字和文献中心、专注传习研学的非遗传承体验中心与展示教育拓展室、以大型表演为主的专业剧场、非遗研创中心以及非遗衍生品商店。

在功能方面，基本陈列侧重非遗和浙江这片土地的联系，传统工艺厅深挖技艺及其背后的人物故事，传统戏剧厅强调沉浸式的戏剧体验感，而地下一层的三个空间则更关注观众的体验参与感。

展示、教育空间约 15000m^2，占总建筑面积的 43%。省非遗馆的地下二层为停车场及库房，地上五层为办公区，展示展演、拓展教育、数字交互等功能集中分布在地下一层至地上四层的空间。

资源档案		5F
数字文献	展示教育	戏剧看台	4F
传统工艺	传统表演	传统戏剧	3F
基本陈列		2F
非遗衍生品	基本陈列	1F
非遗研创（美食和市集）	传承体验	临展厅	-1F

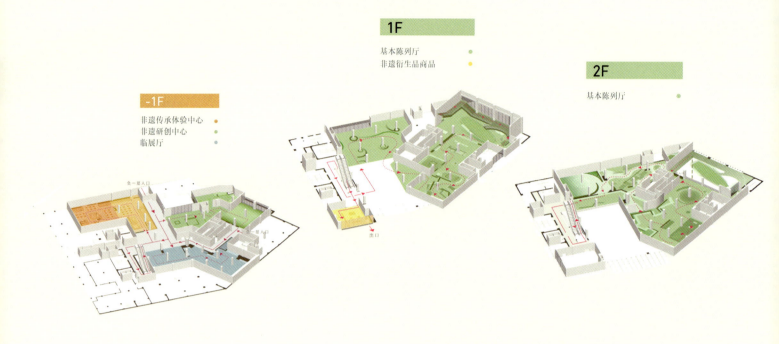

1F

基本陈列厅　　●
非遗衍生品商品　●

-1F

非遗传承体验中心　●
非遗研创中心　　　●
临展厅　　　　　　●

2F

基本陈列厅　　●

地下一层

地下一层设置非遗传承体验中心、非遗研创中心以及临展厅。可根据需要，在空间上实现相互拓展，让地下一层成为有机整体，打造无界的空间概念。

一层、二层

地上一层为主入口空间，包括公共大厅、非遗衍生品商店和基本陈列厅。其中，基本陈列厅为一、二层连通的展览空间，共5014m²；非遗衍生品商店位于省非遗馆主入口，兼顾非遗衍生品的展示与售卖。

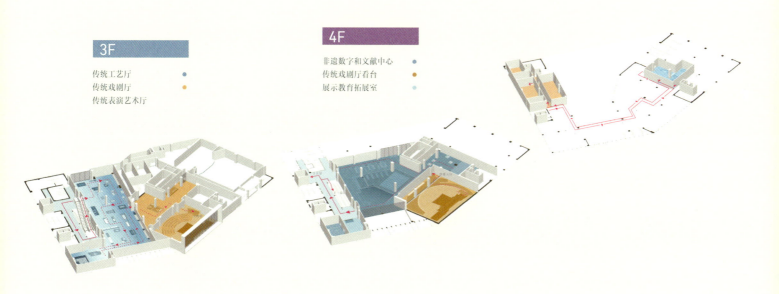

5F

非遗资源档案室 ● ●

4F

非遗数字和文献中心 ●
传统戏剧厅看台 ●
展示教育拓展室 ●

3F

传统工艺厅 ●
传统戏剧厅 ●
传统表演艺术厅

三层、四层

　　三层是两个专题厅，即传统工艺厅和传统戏剧厅，以及一个传统表演艺术厅。其中，传统工艺厅集中展示浙江省传统技艺类、传统美术类非遗项目，传统戏剧厅集中展示以浙江省传统戏剧为主的表演类非遗项目；传统表演艺术厅为专业展演剧场，配置专业舞台灯光、音响等技术，满足游艺、体育、民俗、戏剧等大型非遗项目的展演需求。

　　四层主要是非遗数字和文献中心、展示教育拓展室。展示教育拓展室面向不同群体开展培训、传习、研学等活动。非遗数字和文献中心主要用于非遗资源存储、管理与公共服务，设有文献储存、阅览查询、非遗数据驾驶舱、影像欣赏、保护工作成果展示等板块。

标识设计

省非遗馆标识意在表达江南建筑形态，上部是象征江南建筑的天际线，中部为无限可能的非遗场域——留白，下部五段动态线段托底的地平线，以及活字印刷字体印鉴。标识的建筑为省非遗馆的形态。

形

天际线——江南建筑意象，宇宙观的呈现。立足于独特的建筑顶部结构特征，运用最基本的几何形态，基于核心概念，以象征"天穹"的微妙弧线贯之，形成极具张力与想象的显性图形。一天一地之间，人的生活空间具有无限延展性，象征无限可能的非遗场域。

识

动态标识中三种特质图形的介入让整个标识变得更有活力，也更耐看、更深邃。现在大部分的流行媒体在视觉上的处理是变干净，该标识却反其道而行，让这个视觉看上去更有生活的意蕴，从而加深大众对文化传承、社会美育、公共教育的思考和理解。

动

作为时代的弄潮儿，

形象设计顺时而变，不仅要适用于实体展示，更要适配于当下新媒体环境的传播。

这个标识还有一个特殊之处，它可以消失、不存在。

动态标识虽然不像动画一样叙事，

但它形成的节奏、韵律、平衡能够很好地吸引观众的注意力，

比传统纸媒显现更有活力、更有针对性。

像光线里面照耀的尘埃，

像河上波光粼粼的水面，

像雨水从天上落下时点点滴滴的状态，

……

在实际应用中，并非大众认知里简单的点，变幻莫测，不被定义。

与其他影像巧妙融合，呈现非常有趣的辨识度。

山西五台县佛光寺大殿正立面图

浙 江 省　Zhejiang Museum
of Intangible Cultural Heritage
非 物 质 文 化 遗 产 馆

浙江省　　Zhejiang Museum of
非物质文化　Intangible Cultural
遗产馆　　　　　　Heritage

浙江省　　　Zhejiang Museum
非物质　　　　　　of Intangible
文化遗产馆　Cultural Heritage

　　笔画、线条弧度是变化的曲线，通过活字印刷的
方式被印出来，与中华文明相契合。整体运用抽象语
汇表达江南人的独特宇宙观、生活方式与审美意识，
有机、动态地展现浙江非遗在生活中潜移默化的浸润
与生发，系统构建了一个独特的文化符号。

浙江省   Zhejiang
Intangible   Cultural   Heritage
非物质文化遗产馆 Museum

    我是一名平面设计师，非常感谢省非遗馆邀请我做这个项目，并给了我们那么长的时间可以反反复复思考，能够在很多觉得已经走不下去的时候突然又开辟一条新路，所以我们也是在一次一次的反思中长大。这三个形态实际上是在最后一个月的时候，我们脑子里生发出来的一个概念，概念得到了省非遗馆的认可，我特别高兴。

    现在这个Logo已经完成了，我希望这个Logo在省非遗馆接下来的所有展览、公教、出版，甚至研讨里，能够对非遗推广、宣传起到正面的、积极的作用，也希望这个形象出现后，让浙江省非遗的形象能够与其他相同类型的设计有明显的区别，这样我的作用就发挥了。我更希望非遗生活能够更多地进入公众视野，能够深度开发或者激发非遗的生命力，这是我真正希望的。

    ——著名平面设计师，中国美术学院教授、博士生导师袁由敏

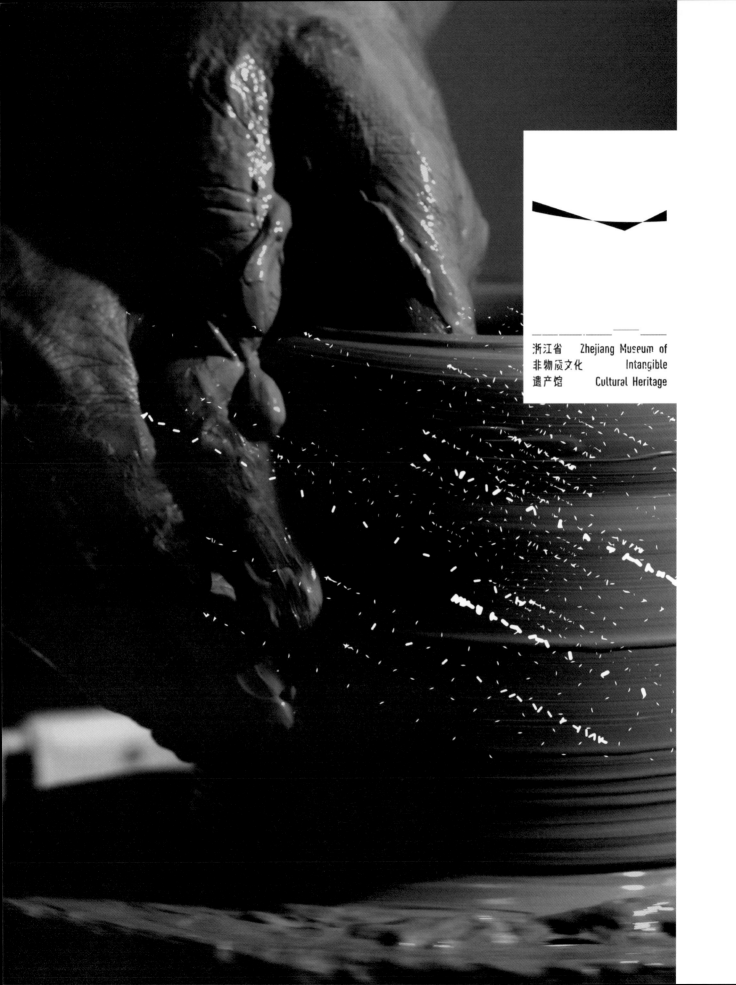

浙江省　Zhejiang Museum of
非物质文化　Intangible
遗产馆　Cultural Heritage

基本陈列

INTANGIBLE CULT
IN ZHEJIANG

基本陈列厅
Basic Showroom

策展思路

　　作为省非遗馆的基本陈列，展览承担着全面呈现浙江省非物质文化遗产基本概况，充分彰显浙江地域文化特质与精神，以及活态展示非遗属性与特色的目标与使命。基于浙江非遗资源与分类、文化地理分区与特征、文化传承生态保护区分布等情况，展览以全面覆盖浙江省联合国教科文组织认定的 9 项人类非物质文化遗产代表作项目、2 项急需保护的非物质文化遗产项目，241 项国家级非物质文化遗产代表性项目，精选的部分省级非物质文化遗产代表性项目为基础，形成了"一条逻辑主线＋三个文化空间＋若干互动体验"的总体思路。

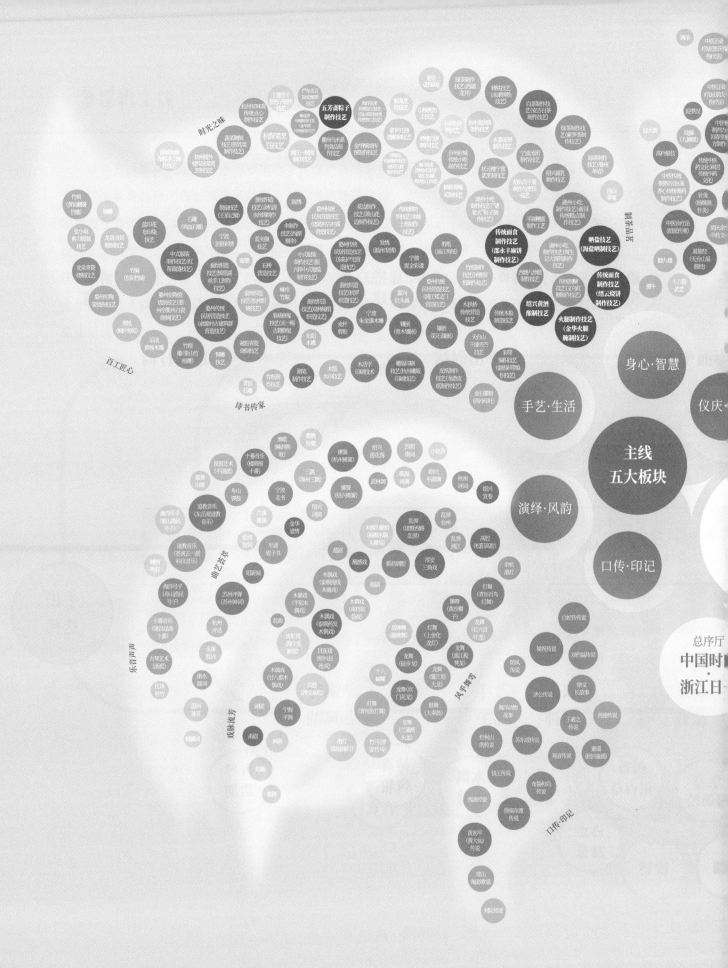

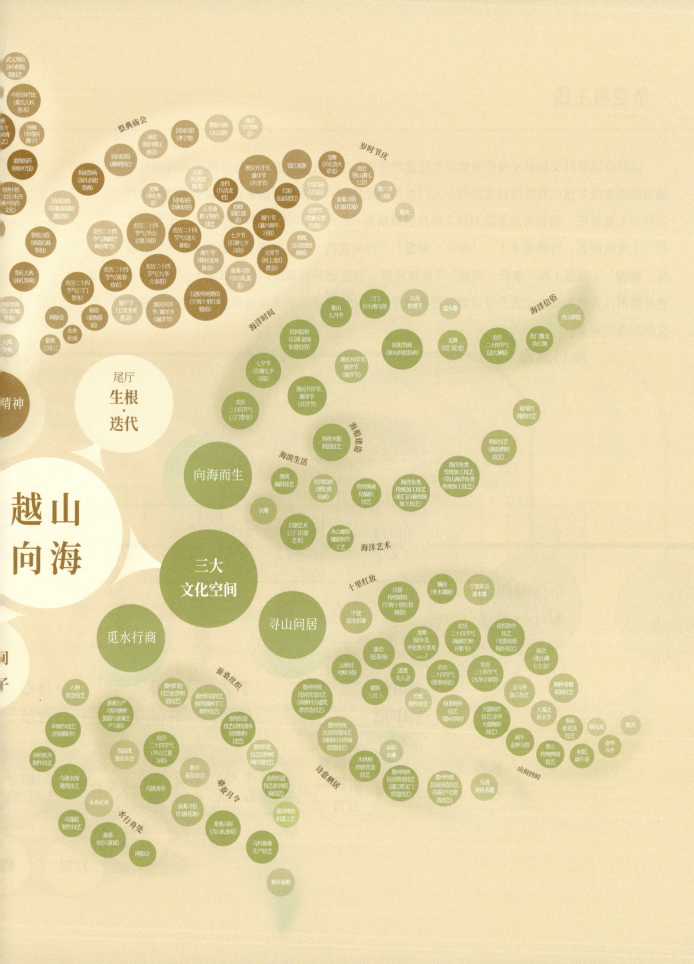

三个文化空间

　　浙江，以其独特多元的地域资源与历史悠久的人文环境，孕育出数量众多、类型多样、内容丰富的非物质文化遗产。它们为浙江精神提供了丰厚的文化滋养，形塑出浙江人多维的立体面容。展览提炼出浙江最具辨识度的三个文化地理概念——浙东沿海、平原水乡和丘陵盆地，设置三个文化空间——"向海而生""寻山问居"和"觅水行商"，重新寻找并搭建起浙江非遗项目与地域、人群、生活的联结点，将最能够反映特征性地域环境、特定人群生产生活场景、特色文化精神面貌的非遗项目有序组织，以清晰呈现浙江非遗的文化生态完整样貌。

若干互动体验空间

　　针对重点的9项人类非物质文化遗产代表作项目、2项急需保护的非物质文化遗产项目，以及具有广泛群众基础和参与度的特定非物质文化遗产代表性项目，在上述五大板块与三个文化空间的合适点位设置若干互动体验区，并为每个项目量身定制适宜的交互体验方式，以更好地补充主线内容，调节观看节奏，激活展览亮点，体现非遗活态，提升观众参与趣味性。

设计理念

  非遗馆展示的核心是"人"与"过程"，如何表现它们，如何体现非遗的"活"，并且让非遗馆成为一个让大众了解传统文化、爱上传统文化的展示平台，是设计关注的重点，也是挑战。

  基于"人"与"过程"这两大关键词，省非遗馆应当是一座以人为本的、温情的展馆，不论是展示的内容，还是空间的体验都应是"活态""流动"的，且不受限于固化的形式与物理空间。

非物质文化遗产，是指各族人民世代相传并视为其文化遗产组成部分的各种传统文化表现形式，以及与传统文化表现形式相关的实物和场所。

——《中华人民共和国非物质文化遗产法》

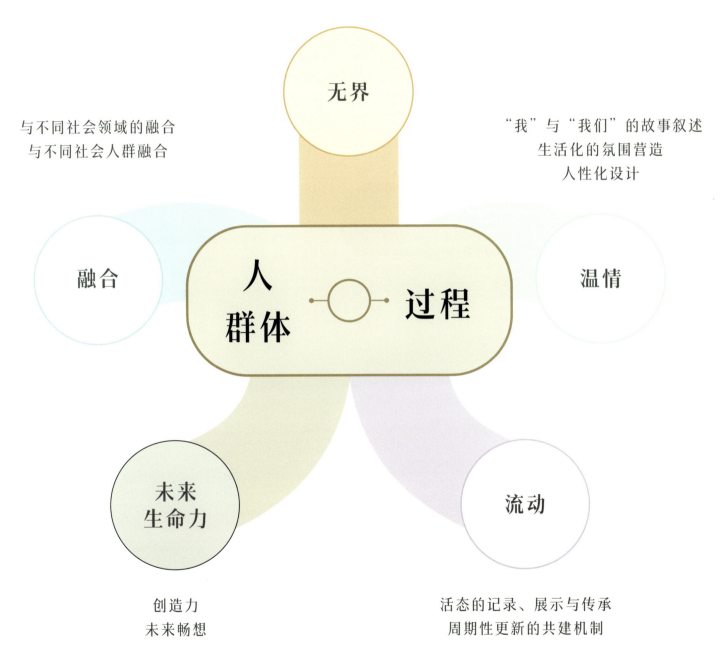

馆内外空间的互联互通
数字化非遗体系

无界

与不同社会领域的融合
与不同社会人群融合

"我"与"我们"的故事叙述
生活化的氛围营造
人性化设计

融合

人
群体

过程

温情

未来
生命力

流动

创造力
未来畅想

活态的记录、展示与传承
周期性更新的共建机制

非遗馆的核心概念

浙江省非物质文化遗产馆

展示展演空间

传承教育空间

藏品库房空间

综合业务空间

配套管理空间

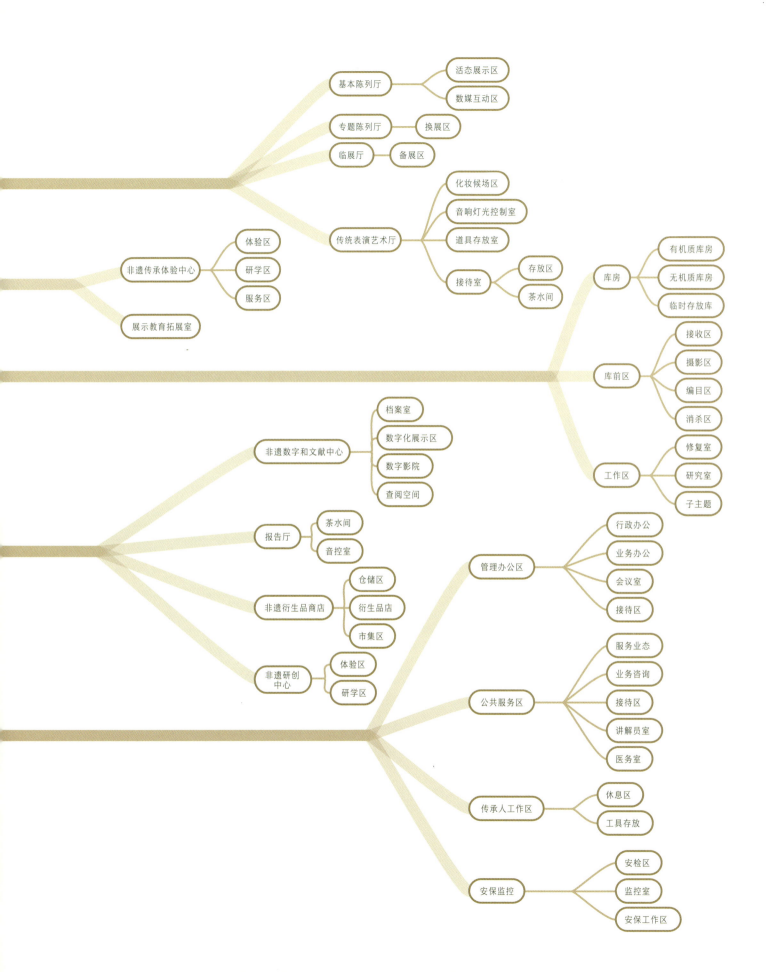

基本陈列厅 — 活态展示区
基本陈列厅 — 数媒互动区
专题陈列厅 — 换展区
临展厅 — 备展区

传统表演艺术厅 — 化妆候场区
传统表演艺术厅 — 音响灯光控制室
传统表演艺术厅 — 道具存放室
传统表演艺术厅 — 接待室 — 存放区
传统表演艺术厅 — 接待室 — 茶水间

非遗传承体验中心 — 体验区
非遗传承体验中心 — 研学区
非遗传承体验中心 — 服务区
展示教育拓展室

库房 — 有机质库房
库房 — 无机质库房
库房 — 临时存放库

库前区 — 接收区
库前区 — 摄影区
库前区 — 编目区
库前区 — 消杀区

工作区 — 修复室
工作区 — 研究室
工作区 — 子主题

非遗数字和文献中心 — 档案室
非遗数字和文献中心 — 数字化展示区
非遗数字和文献中心 — 数字影院
非遗数字和文献中心 — 查阅空间

报告厅 — 茶水间
报告厅 — 音控室

非遗衍生品商店 — 仓储区
非遗衍生品商店 — 衍生品店
非遗衍生品商店 — 市集区

非遗研创中心 — 体验区
非遗研创中心 — 研学区

管理办公区 — 行政办公
管理办公区 — 业务办公
管理办公区 — 会议室
管理办公区 — 接待区

公共服务区 — 服务业态
公共服务区 — 业务咨询
公共服务区 — 接待区
公共服务区 — 讲解员室
公共服务区 — 医务室

传承人工作区 — 休息区
传承人工作区 — 工具存放

安保监控 — 安检区
安保监控 — 监控室
安保监控 — 安保工作区

空间布局

———

基本陈列厅的空间布局，自建筑空间设计开始到展厅深化设计方案落定，随着对非遗认识的深入，不断调整、完善和优化。

早在建筑设计阶段，即确定将三个大家伙（海船、民居建筑和传统戏台）搬进展厅，其中海船与民居建筑纳入基本陈列。浙江代表性海船"绿眉毛"船身较宽且主桅高耸，因此在展厅东北、面向中心广场一侧，预留出一处跨越二层的通高空间，整面落地玻璃确保空间采光良好、视野通透，既符合海船远洋的调性，也让这里成为省非遗馆对外的一道风景线。由此，平面布局围绕海船将此块区域打造为"向海而生"文化空间。考虑到海船在一层已占据较大体量，便将另一大型展品民居建筑安置在二层。浙江的民居建筑以东阳民居为代表，具有一定的营建规制，结合建筑空间，二楼东南角空间高度和柱网密度相对较理想，最终将民居建筑放置于此，并以此为中心设定为"寻山问居"文化空间。

两大文化空间确定后，平面布局的重点转移至如何合理化地串联展览各板块，展开浙江非遗之旅。最核心的开头与结尾，实际经历了多轮讨论。早前的方案，以浙江非遗印象作总序，以二十四节气作为结尾，但考虑到仅以非遗印象媒体作总序支撑过于单薄，且二十四节气的概念更广，是超越浙江地域的"中国时间"，因此，最终将二十四节气前置到总序厅，作为整个展馆的开篇。如此一来，非遗之旅首先从时间开始，那么进入展厅的第一板块，就选取了在传播上更为久远的民间文学项目（"口传·印记"单元），随后连接到与民间文学关联紧密的传统技艺、传统美术板块（"手艺·生活"单元），顺势再将与日常生活有关的养生板块（"身心·智慧"单元）与饮食、日用等融合在一个空间中，随后进入"向海而生"文化空间，如此确定了一层平面的大致构成。经海船上到展厅二层，考虑到"寻山问居"文化空间位于二层中部，两大文化空间用主线之一的民俗（"仪庆·精神"单元）与各种演绎方式（"演绎·风韵"单元）串联，在节俗氛围上更有连贯性。在考虑"觅水行商"文化空间的位置时，选择了在空间上相对独立的尾段展区，适合表现水乡娴静典雅的特质，且水乡代表了典型的江南印象，既回归本土关怀，也能让观众留下最直观、最深刻的山居与水乡印象。至此，二层展厅的主体布局大致确定，最大的难点是如何收尾。经过多轮头脑风暴与商讨，最终以"生根·迭代"作为收尾，探讨非遗的当代转化与探索之路，留出非遗面向未来的开放式结尾。

可以说，本展览的平面布局，与省非遗馆的建设同步，并随着策展团队对浙江的认识、对非遗的理解不断深入，最终形成了今天大众所见的模样。

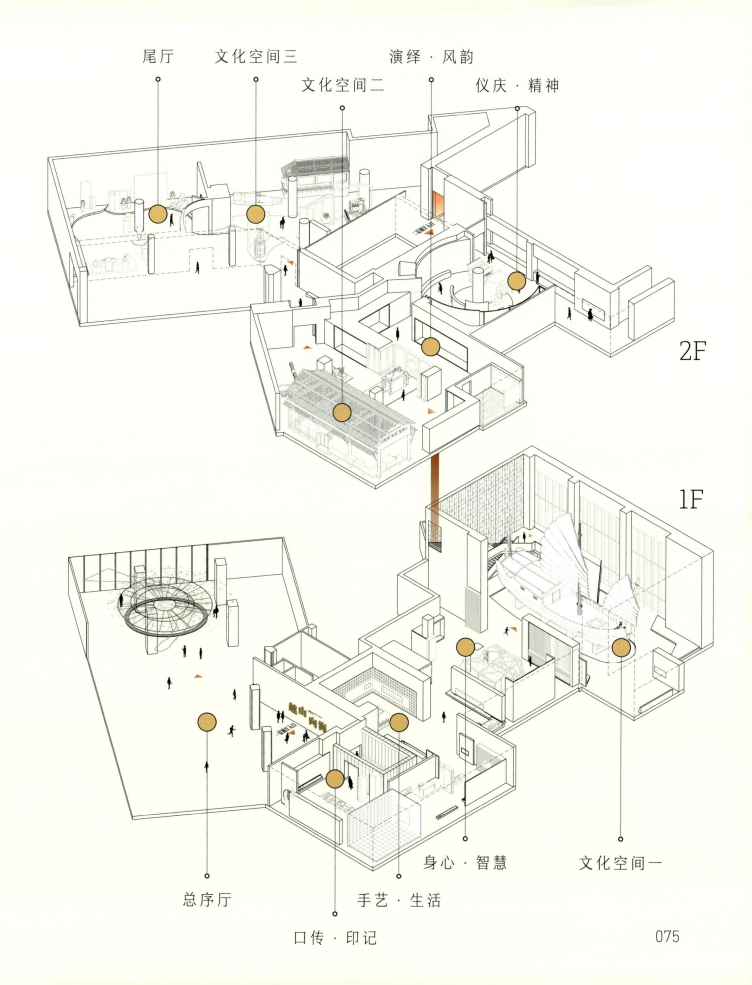

尾厅　文化空间三

文化空间二

演绎·风韵

仪庆·精神

2F

1F

总序厅

身心·智慧

文化空间一

手艺·生活

口传·印记

075

开创非遗当代视觉语言

　　展览空间整体的色彩系统，以沉稳、包容性强的暖灰色系为主，主线五大板块更多从材质上加强其主题个性，而三个文化空间在基础色上叠加从区域特性中提取的环境色，如海洋蓝、山地红、水乡绿，加强文化空间的辨识度。同时，从浙江比较有特色的非遗项目中提取材质要素，如竹编、原木、竹纸、纱等，局部穿插一些金属和石材作为空间用材，整体以简洁、大气的现代感为基调，并融入暖调与温度感。借由不同材质组合带来的反差，让传统材料呈现出现代美学意境。

探索非遗的艺术化表达

　　浙江的非遗项目数量众多、类型多样且精美绝伦，可谓资源极其丰富。除了展示非遗项目、呈现物品外，展馆是否可以更进一步，有所突破？为此，在展现非遗生活化的基础上，展馆大胆探索非遗的艺术化表达。或抓取项目特点放大、强化，或与场景融合，创新艺术表现手法，设计出粒子动画的民间文学沉浸式影院、纸艺墙、"竹影"空间艺术装置、"逐浪"艺术墙等展项，力图从更多维度、用更多方式传递项目背后的精气神。

总序厅

　　基本陈列厅的入口位于大厅北侧，但在实际参观中比较隐蔽。所以，省非遗馆将以往在展厅内的展标前言外置，顺势舍弃了传统内嵌序厅的设计，将整个大厅作为前置序厅，让展览主题、二十四节气、浙江非遗印象等要素形成互相呼应的整体，延伸观展行为。

INTANGIBLE CULTURAL HERITAGE
IN ZHEJIANG

"越山向海" 展览主题

"越山向海" 主题字

"越山向海" 四个主题字，用极大的字号形成视觉冲击，让刚入馆的观众一眼就能看到。在四个大字的细节处理上，策展团队也有一番考虑：浙江手工艺众多，其中，金属、竹木工艺尤为突出，将主题字表面处理出金属锤击、木头削刮等肌理渐变效果，以凹凸不平的肌理表达"山""海"起伏的概念，而文字整体呈现厚重的金属质感，隐喻浙江人历经岁月磨砺所积淀的沉稳气质。

东海之滨、长江下游、运河南端的浙江，
以其独特多元的地理资源与历史悠久的人文环境，
孕育出数量众多、类型有别、内涵丰富的非物质文化遗产。
它们世代赓续，鼎新致用，为浙江精神提供了丰厚的文化滋养，
"海的大气""山的硬气"和"水的灵气"，
塑造了浙江人多维的立体面容。
这方水土遂成浙江人无惧艰辛、超越地域局限，
开创共同富裕、描绘美丽生活图景的精神花园。

浙江非遗名录媒体

　　截至 2022 年 12 月底，浙江省有 9 项非遗项目被列入联合国教科文组织人类非物质文化遗产代表作名录、2 项被列入急需保护的非物质文化遗产名录，另有 241 项国家级非遗项目和 996 项省级非遗项目。这些非遗项目数量众多，来自浙江 11 个地市，怎样在表现项目数量之多的同时呈现项目与地域间的关联？展览紧扣"山海"的地域概念，让非遗项目名称流动起来，拼组出山林起伏、海波荡漾的山海意象，用字号大小标识项目层级。观众在文字流转间浏览动态的浙江非遗名录，项目名称的展示更灵动且更具诗意。

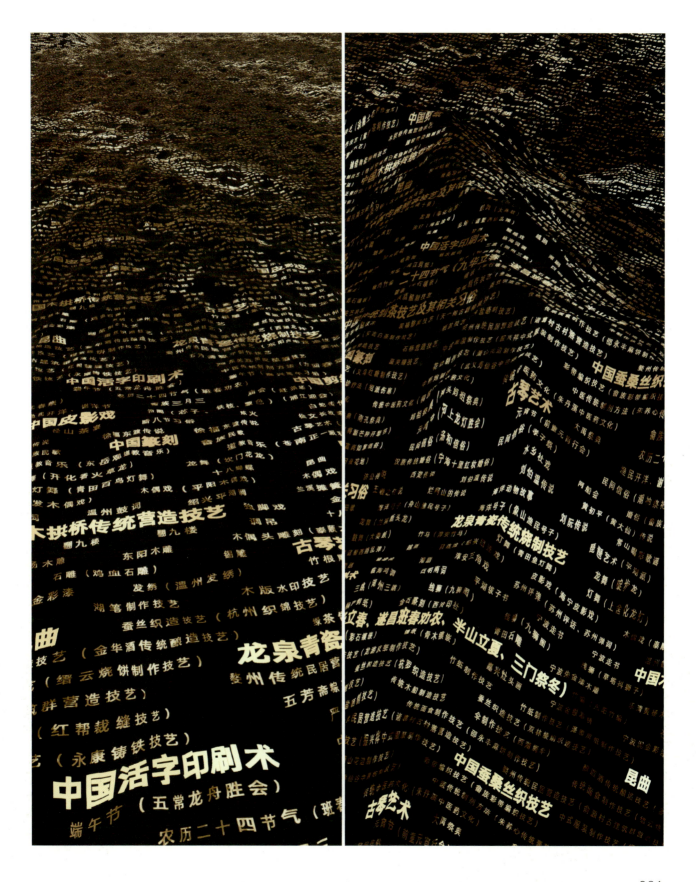

"中国时间"艺术装置

　　华夏农耕文明孕育的二十四节气，因"历象日月星辰"而成，以岁季三候"敬授民时"。"春雨惊春清谷天，夏满芒夏暑相连。秋处露秋寒霜降，冬雪雪冬小大寒。"一首农谚，历数春秋。浙江先民依天文、物候、风土、人事活动规律，有序进行着在地的经济安排、社会调整与文化事象组织，建立自洽的时空认知框架。他们适时而作、应季而动，农事农政、仪式信仰、饮食娱乐、养生医疗等社会生活就此奠定了时间节律，把握了山川脉搏。

"中国时间　浙江日子"

　　二十四节气，是华夏祖先长期观测自然和社会生活经验的总结，他们通过观察太阳周年运动形成了时间知识体系，凝聚成感时应物的中国智慧。浙江人又结合地域物候，将之化为颇具地域特色的"浙江人行事历"：从水乡的桑蚕丝织，到山林的青瓷茶叶，再到东海的耕山牧海；从立春鞭牛，到立夏乌米饭，再到立冬祭海，浙江人适时而作、应季而动。总序厅抓住二十四节气这个点，以"中国时间　浙江日子"概念点题，与展厅三个文化空间呼应，在设计中着重精炼二十四节气的时空视觉形象，强化其作为"浙江人行事历"的指导性。

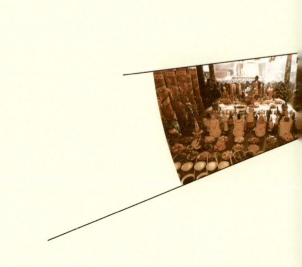

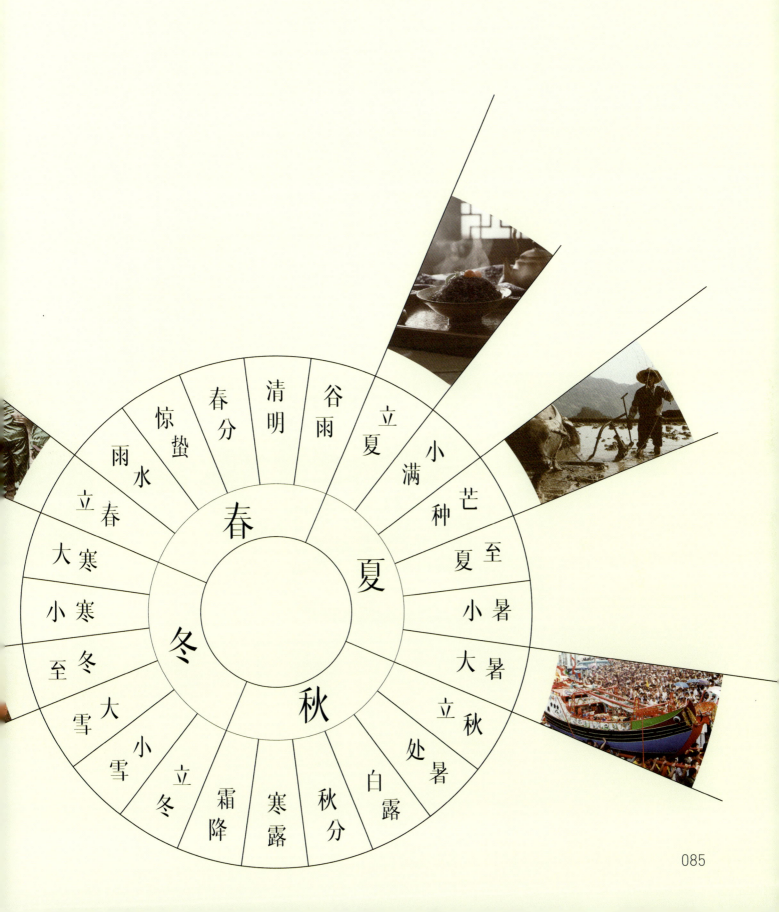

立夏
谷雨
清明
春分
惊蛰
雨水
立春
大寒
小寒
冬至
大雪
小雪
立冬
霜降
寒露
秋分
白露
处暑
立秋
大暑
小暑
夏至
芒种
小满

春
夏
秋
冬

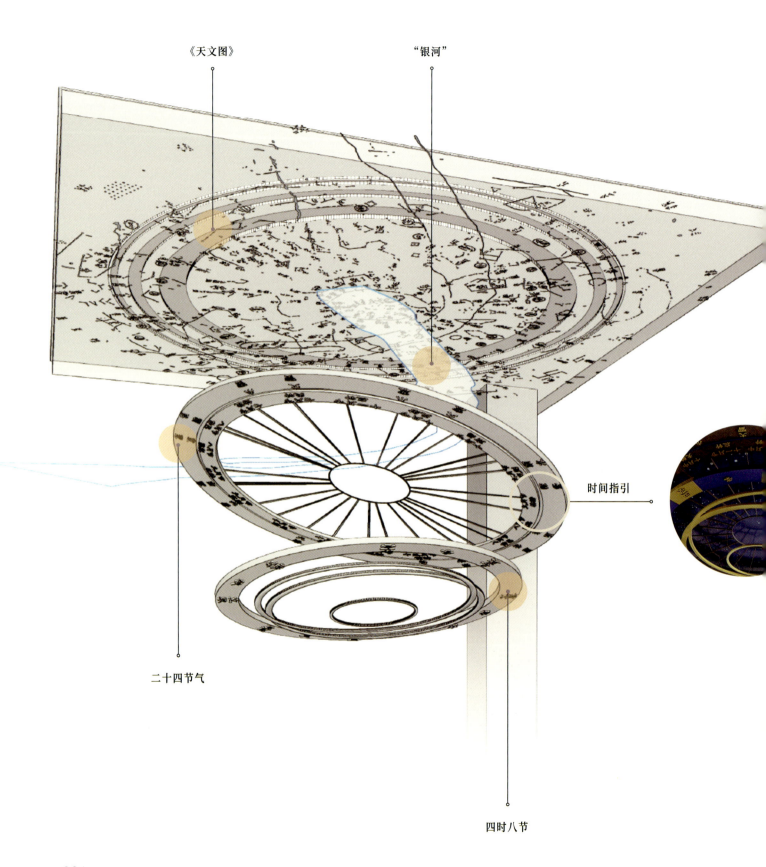

《天文图》

"银河"

时间指引

二十四节气

四时八节

多层结构　动态时节

二十四节气是古人观测天象并综合物候、农事、时令等形成的一套综合的时间知识体系，为了体现其深厚的内涵，整个艺术装置由多层结构组成，并根据现实时节动态切换。同时，考虑到浙江有"百工之乡"美称，五金工艺颇具特色，所以装置主体采用紫铜制作，色彩上以古铜搭配黄铜，意向传统金属工艺致敬。

整个装置由上中下三层结构组成。上层表现中国传统的时空观念，以现存最古老的宋代石刻天文图为蓝本制作，反映真实观测的天文星象；中层圆环表现时节，参照《淮南子》的《二十四节气图》，设定四季八节（立春、春分、立夏、夏至、立秋、秋分、立冬、冬至）和其余节气，形似大钟；下层则以动态投影的方式，与中层圆环实现动态时节的联动，圆环上的二十四个节气名称会根据现实中的时令有序点亮，每到一个节气，它的名称与代表图像就会被投影在地上，让不同时间到馆的参观者都能通过这个艺术装置直观感受"中国时间"的概念。

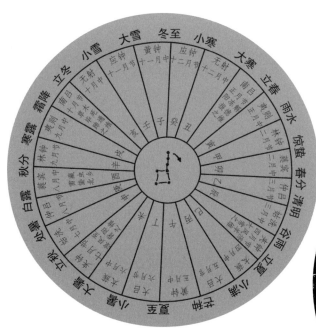

《淮南子》中的《二十四节气图》

苏州南宋石刻《天文图》

"浙江非遗印象"视窗

　　多数场馆的公共大厅需要一个大型屏幕，既作为整个馆的总领、先导，同时，当有重大活动或重要展览开幕时可作配合使用。在省非遗馆，"浙江非遗印象"媒体片作为第一要素进行凸显，展示不同节气指导下人民的生活和劳作，呈现九华立春祭、半山立夏、三门祭冬等浙江特色节气习俗，以快剪形式反映浙江人的时节生活，给观众一个关于浙江非遗的总体印象，并在空间中有机地衔接"二十四节气"与"浙江非遗印象"。此外，这个空间作为展馆的公共大厅，又要保持相对通透的视野，在轻松愉快的空间氛围中，让观众于时光流转间感受四时风物，于镜头穿梭中体悟世间人情，从而亲近自然，走近这片神奇多彩的土地——浙江。

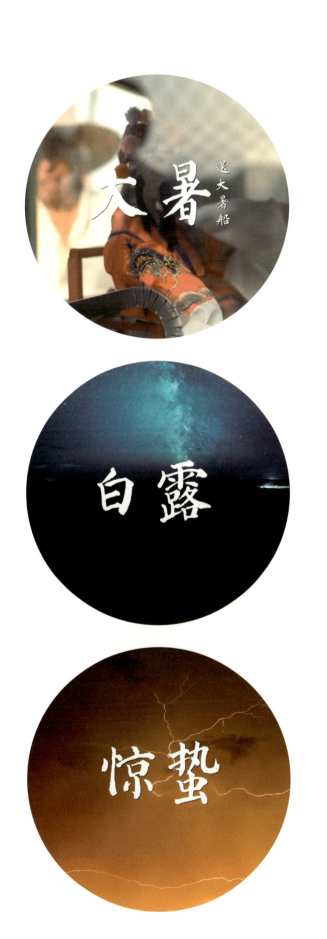

大暑 送大暑船

冬至 三门祭冬

白露

谷雨

惊蛰

秋分

主线五大板块的整体考虑

　　一条主线以十大类非遗项目为基础，将相近类型整合后形成"口传·印记""身心·智慧""手艺·生活""仪庆·精神"和"演绎·风韵"五大板块，从不同的角度展现浙江人生生不息的文化创造。这样的呈现更还原其生活本来的面貌，许多非遗项目在生活中原本就是相关联，甚至是交融的，因此，在空间设计上试图用隐藏的线索串联起碎片化的项目，或通过共同的关键词进行整合呈现，形成或嵌合、或并置的空间体块，让主线五大板块形成更紧密的有机体。

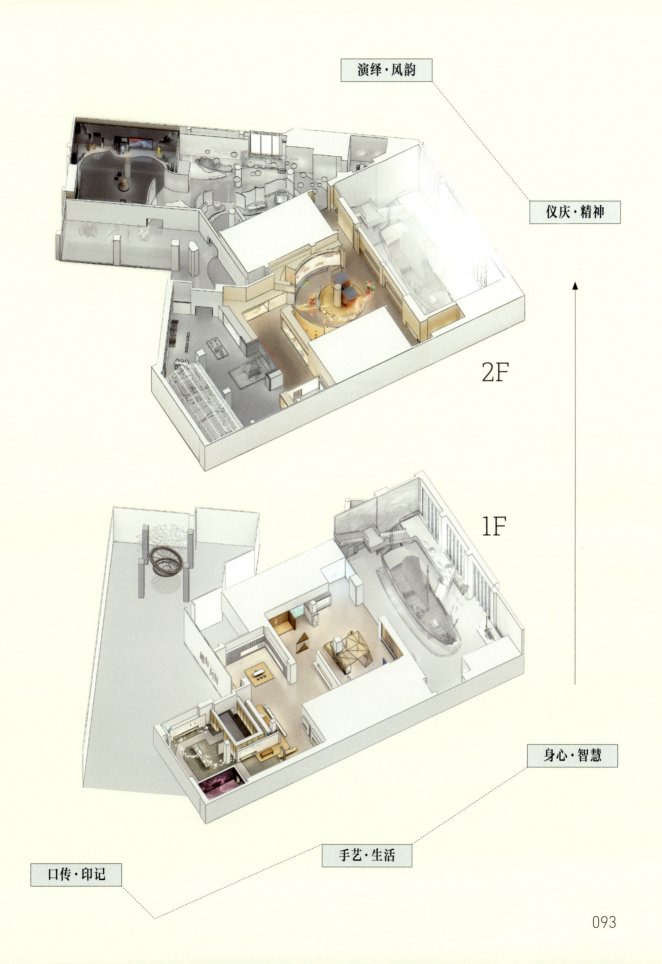

演绎·风韵

仪庆·精神

2F

身心·智慧

1F

手艺·生活

口传·印记

093

口传·印记

　　民间传说故事，记录着历史故事与世间人情，寄托着美好寓意与幸福祈盼，陪伴一代代浙江人成长，成为难忘的童年记忆；又在一代代的传承中，成为孕育各种艺术形式的母体，滋养出丰富多彩的非物质文化遗产。该板块依托 20 项国家级非遗民间文学类项目，讲述一代代浙江人从名人传说与神话故事中汲取力量，明辨义理，诚意正心的故事，这些传说与故事成为浙江人代代赓续的文化认同和精神追求。

　　文字之外，口传久远。白蛇传、梁祝、苏东坡、徐文长、西施……脍炙人口的传奇故事，穿越数千年历史烟云，通过民间文学的口耳相传，延续至今。它们折射着社会生活的起承转合，渗透着民众心灵的精神历程，洋溢着来自族群的想象力、共情心与归属感，映照着文明遥远而深邃的生命底色。

WORD-OF-MOUTH IMPRINT

口传印记

文字之外，口传久远。

白蛇传、梁祝、苏东坡、徐文长、西施……
脍炙人口的传奇故事，穿越数千年历史烟云，
通过民间文学的口耳相传，延续至今。
它们折射着社会生活的起承转合，
渗透着民众心灵的精神历程，
洋溢着来自族群的想象力、亲近感与归属感，
映照着文明遥远而深邃的亘命底色。

Beyond words, oral tradition has survived.
Some legendary stories, e.g. The Legend of
the White Snake, the Butterfly Lovers and big
names of Zhejiang, Su Dongpo, Xu Wenchang
and Xishi, to name just a few, have been
passed down word-of-mouth
for thousands of years. They reflect social life,
public spiritual experience, empathy and
sense of belonging of different
communities as well as the distant and
profound roots of civilization.

口耳相传　乡音作引

　　大众对民间文学的最初印象，不是编辑出版的文字，而是幼时听到的故事以及丰富的想象。在文字普及之前，神话传说、名人故事多以口耳相传的方式广为流传。在越地旧时风俗里，每家每户的长辈茶余饭后或晚上临睡前，都有给小孩子讲故事的习惯，鲁迅先生儿时就是听着长妈妈口述的故事长大的。所以，在正式讲述浙江的民间故事之前，更需要勾起大家对听故事的情感联结。引子空间就希望以乡音作引，调动观众的视听感官共情。通过星空顶的一呼一吸，文学项目名称的一明一暗，隐约闪现的浮云、山石，营造想象的朦胧感；空中隐隐传来各地方言讲故事的声音，让人想起小时候，在繁星点点的夏夜听姆妈讲故事。这一口耳相传的表达，也奠定整个展厅源于生活、熟悉而温情的情感基调。

畲语

鱼类故事

王十朋传说

钱塘江传说

半浦民间故事

勾践传说

上林湖传说

张阁老传说

谢安故事

镇海口海防历史故事

畲族叙事歌

海瑞传说

玲珑山传说

杨乃武与小白菜传说

琼奴与苕郎

毕矮的故事

龙泉窑传说

平阳童谣

严子陵传说

戚继光抗倭传说

舟山渔业谚语

宝卷

临海民间谜语

乾隆与海宁的传说

高机与吴三春传说

湖州山歌

舟山民间谜语

朱三与刘二姐长篇叙事民歌

罗隐传说

陈霸先传说

何文秀传说

绍兴古桥名传说

三字经

叶法善传说

虞舜传说

桐乡蚕歌

伍子胥传说

路桥气象谚语

熊知县的故事

台州府城民谣

颜乌的传说

梅城传说

缙云歌谣

皋亭山传说

平阳杂技

海盐滚灯传说

大禹传说

瑞安卖技

孙权传说

陈十四传说

寒山拾得传说

赵五娘传说

杭州灯谜

绍兴师爷故事

傅大士传说

开化满山唱

射村后羿神话

香榧传说

洞头海岛气象谚语

岳飞传说

097

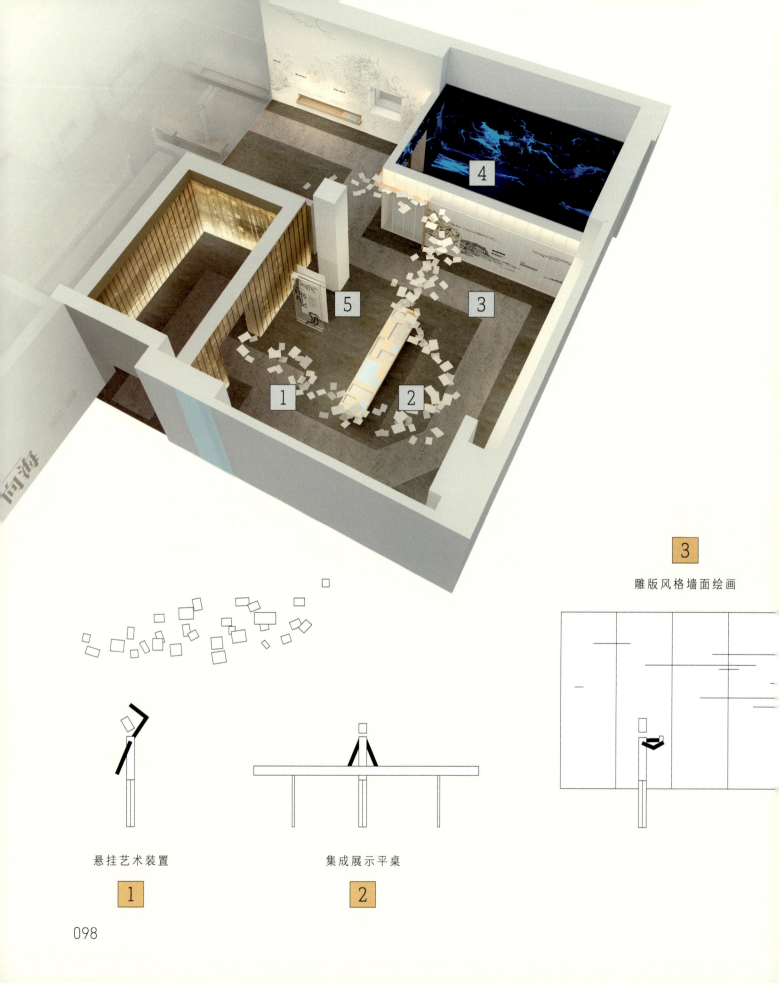

3

雕版风格墙面绘画

悬挂艺术装置

1

集成展示平桌

2

故事入画　多种艺术呈现

　　浙江有 20 项国家级非遗民间文学类项目，这些项目多数由数量众多的故事群组成，其内容极丰富也很庞杂。从历史演化看，民间文学除口耳相传之外，也逐渐形成不同历史时期的文字版本，并且渗透进民间艺术，成为各种艺术表现的母体，衍生出精彩纷呈的表达形式，如戏剧、曲艺、音乐、绘画、剪纸、雕刻等。因此，这一展区的重点也是难点在于，如何在有限的空间中选用合适的、可感观的方式，展现各项目的故事内核，同时呈现民间文学的复合型特质。

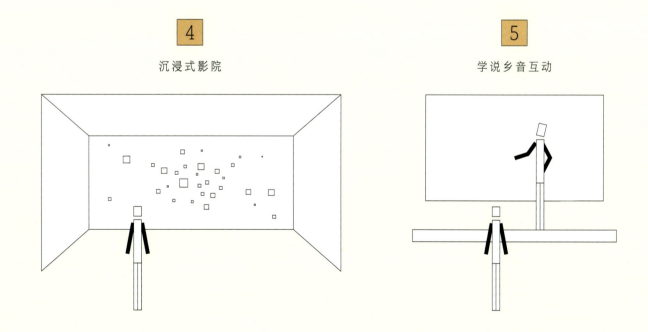

4 沉浸式影院

5 学说乡音互动

　　民间文学常带给大众的联想多是仙山、神怪、才子佳人等画面感，而浙江又有木版水印、雕版印刷等非遗项目，正好有契合之处。于是，展览邀请画师以雕版风格，重新创作浙江民间故事，作为整个板块的大画面背景。其次，这些民间文学故事世代相传，延续性很强，且在流传过程中出现各种版本。为此，我们收集不同年代、版本的书刊，集合陈列展示，作为这些故事的见证者；同时广泛收集以这些民间文学故事为主题的各种文艺作品，集合成既有实物又有视听媒体欣赏的综合展台，隐喻文学的母体作用。

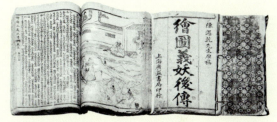

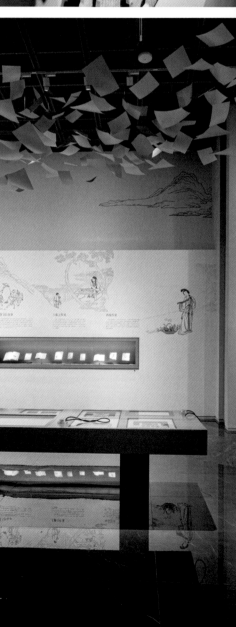

与传统雕版绘画相应的，展区中还搭建了一个沉浸式影院，以粒子动画形式，演绎浙江民间文学中的经典故事元素——"梁祝传说"的扇子、蝴蝶，"白蛇传传说"的伞与船、西湖、雷峰塔等，用新媒体视觉语言探索传统故事的现代表达。

参与体验是时下展览的大趋势，为此，这一展区还设定了两种互动模式：一种是集成性展示，即将繁多的故事编入媒体池，让观众自主选择；另一种带点趣味性的参与，用方言讲述一段家乡的民间故事。通过以上方式，增加民间文学的可看性，也将参观的选择权交还给观众。

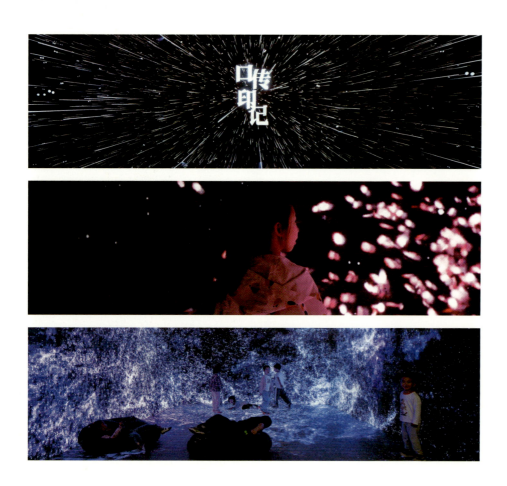

手艺·生活

　　本展区以传统技艺类、传统美术类 79 项国家级项目为依托，讲述浙江手艺人以敬业务实的态度匠心守艺，用日复一日的热忱与坚守，创造出生产生活中的日常用度及种种物件，涵盖衣食住行、诗书翰墨等物质与精神生活的方方面面，以实用之道和技艺之美构建日常的美好生活。

　　手艺，蕴藏着浙江人造物智慧和审美理想等观念、知识，在生产劳作和日常生活中发挥着不可或缺的作用，于营造、酿制、织染、延填等生业技艺中改善着生活，亦见证社会与民生的关系。传统百工源于两浙山水，世代相传中提供日常所需，更在时代发展中传承创新。

FAMILY LITERACY
TRADITIONS

诗书传家

山水起高远，松气的传，音大概之，习书传家。

造诣成就了多少文人，名贤，名代传家，每年了无穷处的越和文的不工产业。
一朝一代，传种载题人的诗书传家，想越了身人的诗书传家。
从小的时，姚姆人对诗传有之知作用，今日宣和家，越想方的新中日表#收藏越。

木版水印技艺

木版水印技艺是有中有的的，将、复、写、分、，古的复的之了，学代了的新了，据如了的新了的的，
今一个学代学的于技术时的都的新时越了的的的的的新的的的。

雕版印刷技艺（杭州雕版印刷技艺）

刷版古分的学学有于技术之工术，一者，代传之的技，技术起越一学有，技艺起越起的，技术越、有越，
有越之学的越的于技术，技术有的学越的技术的于技术有的于技术，的学有的技术的于于技术的技术。

从生活出发

　　浙江传统技艺类、传统美术类非遗项目数占总项目数的近三分之一，且类型多样，有"浙江百工"美誉，凝聚着浙江人因地制宜、就地取材的智慧与巧思。本板块既要强化浙江百工的丰富多样，重点凸显浙江最具代表性的特色工艺，又紧扣"生活"这一关键词，传递浙江人的生活美学与人生态度。所以，本板块的组织从日常的联结点出发，回归地域与生活。首先从探问浙江人"诗书传家"的品格出发，整合木活字、雕版印刷、木版水印、金石篆刻、湖笔、竹纸等项目，随后将制茶技艺、茶俗、茶器纳入"制茶品茗"组团，再用"百工匠心"融合浙江丰富的手工艺项目。三大组团在视觉元素上也呈现出不同特质，例如"诗书传家"组团营造书房氛围，"制茶品茗"则营造茶山、茶室的视觉效果。

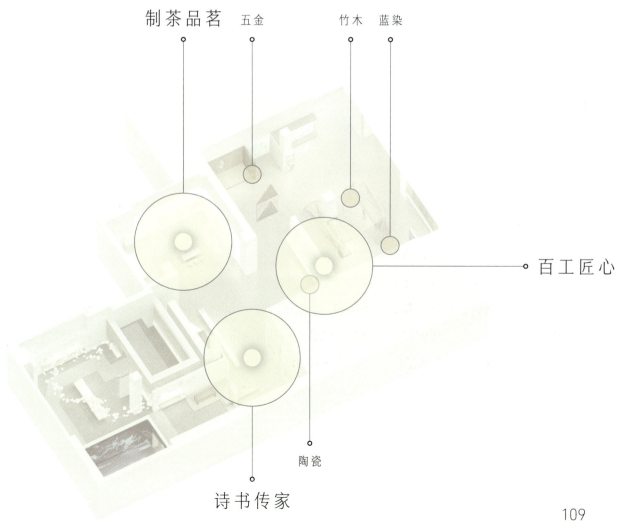

制茶品茗　五金　　　　竹木　蓝染

百工匠心

陶瓷

诗书传家

龙泉宝剑锻制技艺

浙江瓷器
走向世界

非遗展品的双重面向：工艺品的艺术审美与日用器的生活态度

　　生活用器，本质上是当地生活美学的物化，其核心是符合这片地域的审美取向与精神信仰。无名的工匠，亦是致用之美最坚定的传承者。因此，省非遗馆中的展品，不只有传承人精湛的工艺品，也包括生活中的日用器，前者传递的是精益求精的匠心，后者则传达了浙江人的经世致用、质朴踏实的生活态度。比如，竹木组团中既陈列了传承人所制竹木精品，也集合了浙江人生活中常用的竹器。

展现"人"与"过程"

非遗展示的核心是"人"与"过程",其核心是表达非遗项目的过程性,同时体现"人"在非遗传承中的重要性,这点在手工艺中体现得尤为明显。为此,本展区尝试用多重方式进行过程性的记录与阐释,并植入活态展演与体验项目,让观众成为主动的参与者,活化"人"与"过程"的概念传达。

过程性的记录与阐释

手工艺项目多数具有历时性特点,这意味着省非遗馆需要考虑合适的展览语言,让观众感受到这一动态过程。其中,技艺的工序化复现,是展现工艺过程的一种特殊形式。比如,竹编展柜用工具、半成品组成定格情景,展现编织过程;蓝印花布平柜则用一系列半成品,展现了从刻版、上浆、刮浆,再到多轮蓝染的成品过程。

展品体系

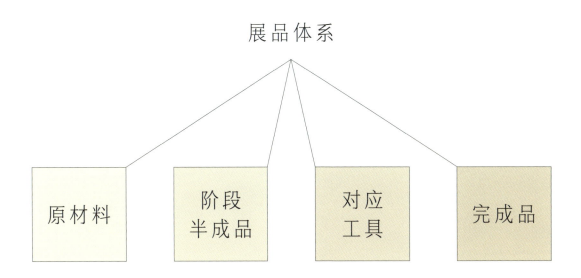

原材料

阶段半成品

对应工具

完成品

浙江美食地图

湖州
诸老大粽子　桔红糕　周生记大馄饨　西塘八珍糕　平湖糟蛋

嘉兴

杭州
山核桃　乌干菜　鱼干　虾干

舟山

倒笃菜　腌笃鲜　绍兴

龙井虾仁　定胜糕　小京生　醉虾　绍兴腐乳　红膏呛蟹　宁波

浦江一根面　枫桥香榧　宁波汤圆

金华　义乌红糖　冰糖甲鱼

衢州乌米饭　金华酥饼　逐昌豆腐

衢州　红曲酒　丽水　台州

乌饭麻糍　松门白鲞　糟羹

桥墩月饼　永嘉麦饼　温州

　　相比实体展示，媒体在技艺的真实记录与过程的动态再现上更有优势。本展区的各组团都设置了查询屏，展现非遗代表性项目的技艺过程。浙江美食地图以交互方式精选 11 个地市代表性非遗美食的制作过程。而在展区的最后，为了集成展现浙江手艺人群体，致敬"百工匠心"，特别设计了一面百工墙——策展团队历时三个多月，走访采录了 52 位国家级非遗传承人，拍摄上千张制作时的手部照片，从中精选出 506 幅喷印组成照片陈列，并将更多的细节照片与制作过程影片融入魔屏中，共同形成浙江百工墙。

植入活态展演与体验项目

　　本板块基于"生活"这一概念，希望手工艺真正成为大众日常生活的一部分。为此，省非遗馆在展区的多处主题场景区植入活态展演点位，如木版水印、金石篆刻、锡雕、竹编等，并引入传承人驻场机制，现场展演的同时也开设小规模的手作体验；架设实时直播影屏，方便观众通过

特写镜头捕捉手部细节动作。除此之外，散点式地设置体验项目点，鼓励观众多动手。这一理念贯穿基本陈列各板块，包括《白蛇传》拓印、木偶表演、首饰龙互动、廊桥拼搭、丝绸交互等体验项目。如此，整个非遗馆在活态展演与体验的加持下，一直处在流动的变化中，让观众的每一次参观都有新的感受。

用非遗表现非遗

非遗蕴含着开放的思维方式与生活态度，展览探索用非遗的材料、技艺与理念表现非遗，传递情感与精神，形塑非遗的当代美学空间。带着这样的理念，省非遗馆尝试将手工的概念用非遗的方式植入布展过程。

木活字墙

瑞安木活字印刷技术，传续着温州地区的家族宗谱，被联合国教科文组织列入急需保护的非物质文化遗产名录，其重要性不言而喻。现实中，单个木活字一般是 0.6 ～ 1.3 厘米，其独特的反写字体和精细的篆刻技艺都浓缩其间，尽管由三千字组成字盘，但展品体量依然不大，观众很难捕捉其中的精妙之处。于是，展览尝试用相同的工艺，在原木上放大雕刻出字模，再与木活字实物组成矩阵，形成大与小、原木与墨印的视觉对照。

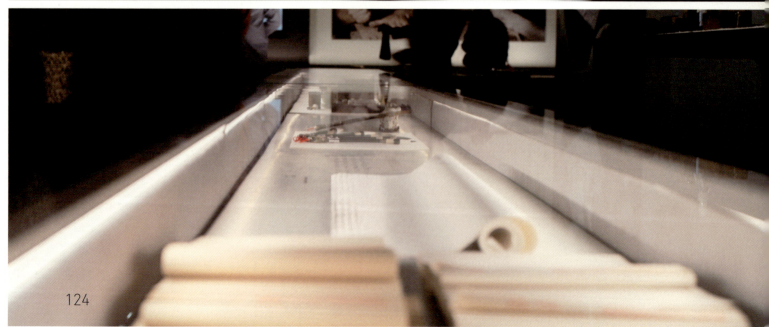

September 2009 on the
al Heritage of Humanity by UNESCO

收组织认定
化遗产代表作

省非遗馆从十几种纸品中选出较有皮纸肌理感的纸张，保持土法造纸的本色。先在平面上确定好整体造型的构图层次，然后用木工板定好大型，接着用传统糯米胶一层层地粘贴纸张。每张纸用最原始的手撕做法，以保留人工的随机痕迹，每层形态边做边微调。为此，几位设计师先后花了半个多月才最终完成。

家傳書诗

纸艺墙

浙水敷文,诗书传家。浙江诞育了众多诗文、丹青、金石大家,催生了多少与此相关的手工产业。浙江盛产皮纸、竹纸,有闻名书画界的湖笔,更有被列入人类非物质文化遗产代表作名录的中国篆刻(西泠印社金石篆刻)。为此,这一区域以皮纸经手撕、层叠后形成的纸艺墙作为笔墨画印艺术影像的载体,传达浙江人"诗书传家"的独特品质。

"竹影"竹编艺术装置

百工匠心的竹木组团，集合了东阳竹编、嵊州竹编、翻簧竹雕等以竹木为原材料的项目。这些作品非常精致，但在展厅高空间中体量偏小。如何解决这个困扰，又能凸显整个竹木主题？策展团队邀请到竹编传承人钱利淮老师，共同创作"竹影"竹编艺术装置，营造异空间的体验感。以竹木组团空间为整体，设计出几何块体框架，由此形成的各异形面成为竹编纹样的装饰面，通透中又富于光影变化。由于整个艺术装置体量超大，竹编本身又是一种质地轻软的材料，为了保证安全性，装置的施工落地经历了反复讨论与试验。首先用电脑模拟整个装置构造，用 3D 打印模型具化结构，再在现场按真实尺寸等大放样，与钱利淮老师商定四款竹编纹样，最终根据展区实际环境组装、微调。

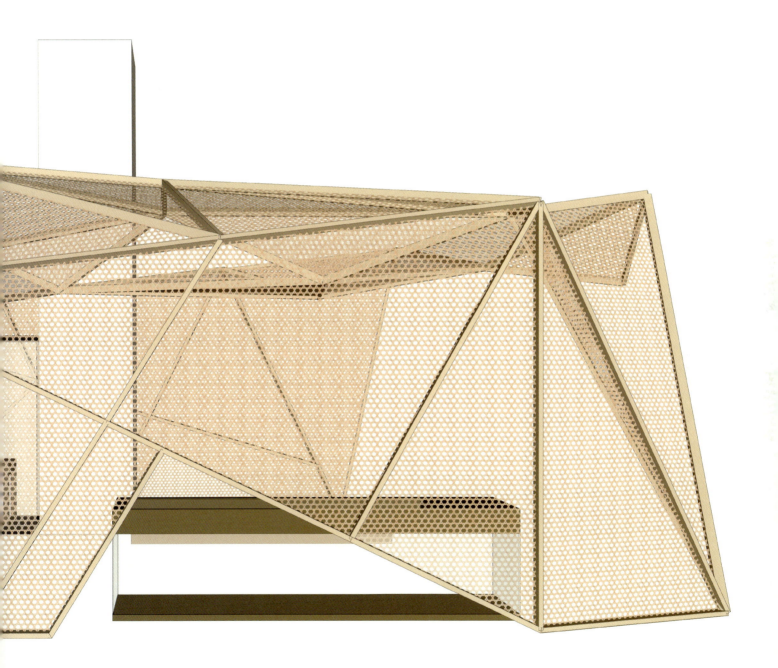

竹编艺术装置的创作，是传统竹编技艺在当代生活中的艺术表达。当我们的
生活和生产方式都在拥抱未来之时，我们传统的竹编技艺也需要有部分改变原有立
场，从生活中抽离去探索未知。新的形态、新的色彩、新的画面都会对传统竹编
技艺提出疑问，在解答这些疑问的过程中产生的新技艺，再不断去丰富竹编描绘
世界的笔触，当这些笔触越来越多，我们传统手艺在当代世界中的生活便越来越
自如。而竹编特有的生命感，能够更多地给到我们的世界希望与力量。

——竹编传承人钱利淮

竹编（东阳竹编）

竹根雕（象山竹根雕） 竹刻（黄岩翻簧竹雕）

身心・智慧

　　本板块主要以浙江省所有的 22 项传统医药类，传统体育、游艺与杂技类国家级非遗项目为依托，讲述浙江人以求真精神观察万物生长、人体节律等运转现象，致广大而尽精微，总结规律与知识，通过中医药、武术等方式，践行"天人合一"的养生智慧。

天地有序，顺时而行。春生夏长，秋收冬藏，万物皆然。浙江人遵循顺四时、和阴阳、治未病的养生智慧，强调起居有时、饮食有节、静心凝神与武术强身，运用中药、针灸、推拿等方法，内外结合，未病先防，已病防变。

多感官体验养生知识

　　传统中医药内涵丰富，但对普通公众来说又偏晦涩，单靠实物与图文展示传播力有限。因此，在中医药原料、工具和产品陈列之外，省非遗馆尝试设置两类多感官体验项目，帮助观众走近中医药、理解浙江人的养生智慧。

闻香识百草

识别药材是中医药的入门环节，可以引发观众的好奇心、探索欲。此处将传统中药柜转化为零距离的互动药柜，让观众自行抽拉一格格药柜，看一看药材的样子，闻一闻味道。通高 6 米的米色药柜，成为中医药板块的独特视觉符号，吸引观众互动体验，了解浙江常见和代表性的中药材。

易筋经体感交互

除了中医药，浙江还有不少养生项目，尤以流传于天台山的易筋经为代表。这原是道家导引之术，后来被推为中国气功健身的经典，通过吐纳贯气、延筋舒脉强身健体。省非遗馆设置了体感交互，让观众跟随传承人的演示视频，做出易筋经的相应动作，红外摄像头实时捕捉动作数据，后台评测完成度，给予观众反馈。

第一式

面向東立目上視

兩腳跐平寬與肩

齊不可參差兩手

垂下肘微曲掌背

朝上掌心朝下指

尖向起朝前默数

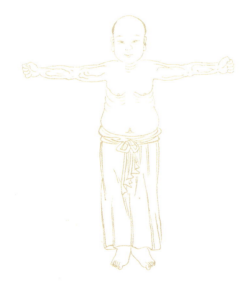

第七式

前武已畢將身往
後一仰以腳尖離
地為度趁勢將物
手分開復以肩
齊屈口向上數
一子拳一惡想兩
拳往上從胸微向
前合數四十九
字

仪庆·精神

　　生活在浙江大地上的人们，祖祖辈辈心怀和谐美满的朴素愿景，礼敬先贤圣哲、祭祀神明先祖，以此寻求精神依托，祈求家庭美满、国泰民安，由此形成了一系列富有浙江特色的庙会民俗、岁时节庆与人生礼仪，并演绎出各种表演艺术形式。本板块主要以浙江省入选民俗类与传统体育、游艺与杂技类国家级非物质文化遗产代表性项目名录的 48 个项目为依托，融合其他门类中与之相关的项目，讲述产生、传承于浙江民众日常生活中的种种民间信俗与文化情感。

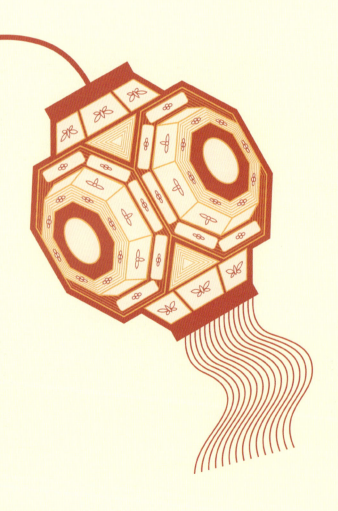

国之大事在祀与戎，人生百年尊礼修仪。从春节、元宵到端午、中秋，年复一年的岁月流转中，浙江人的精神传统、道德规范和地域气质，融汇在信俗、礼仪与庆典中，香火明烁，袅袅不绝。

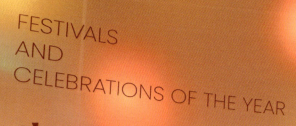

FESTIVALS
AND
CELEBRATIONS OF THE YEAR

岁时节庆

节庆，作为与自然季节时间和社会节奏相适应的周期复现之时间仪式，
传递着浙江人的团圆情结、忠孝意识、和谐理念与感情诉求。
这种表达蕴藏在热腾腾的腊八粥、龙腾狮舞的元宵灯会、激越的龙舟赛与糯香的端午粽、
七夕的彩亭与乞巧、中秋的赏月与观潮，亦在畲族三月三的盛装歌舞中荡漾。

皮影戏（海宁皮影戏）

皮影戏自南宋时期从北方传入海宁，至今已有近千年历史。影人多用牛皮或羊皮制作，少雕镂，重彩绘，分头、身、四肢等部分，均为侧影。这些影人头戴盔帽，身着服饰，脸谱按不同性格、不同表情来加以夸张和塑造。海宁皮影戏曾以"弋阳腔"和"海盐腔"为基调，反映海宁当地手工技艺和生活习俗，极具地方特色。

好一片节日氛围

　　在浙江，多数传统舞蹈、民间音乐、曲艺和传统戏剧都与民俗活动相生相伴，且多为群体性项目，不仅根植于土地与人群，其背后更隐藏着浓烈的乡土情感，因此，"仪庆·精神"与"演绎·风韵"相互关联又各成体系。为此，省非遗馆将两个板块并置，营造整体节庆氛围，从祭典、节庆活动到民间表演形式，在空间上形成贯通有序的整体，让观众在看、听、玩、乐中沉浸式游览。实际上，这一展区并不局限于民俗类项目，而是将与之相关的其他类型项目形成集群。比如，乐清首饰龙作为本展区

统领性的核心展品，虽属传统美术类，却是乐清当地元宵节巡游队伍的打头；同样的，硖石灯彩、仙居无骨花灯、畲族彩带等传统美术或传统技艺类项目，也都跟随各自关联的节庆进行整体性展示。再如，十八蝴蝶属于传统舞蹈类，是方岩庙会重要的表演娱乐项目，因此跟随方岩庙会进行抱团展示。

　　为了传达"乡情"，打造整体性的节庆氛围，展馆空间上以"大广场"意向进行营造：周边层层环绕的弧形展墙隐喻被群山环抱的村落，一侧是动态轮播的祭典仪式，另一侧是熠熠生辉的灯彩，中心是流光溢彩的乐清首饰龙，上空盘旋着长兴百叶龙、十八蝴蝶，"小广场"上演着皮影戏、木偶戏，一派热闹欢腾的节庆氛围。

关联性展示

　　乐清首饰龙是整个"仪庆·精神"展区的主角,位于中心展台,展台的背面同时展示了另一项被列入人类非物质文化遗产代表作名录的项目——中国剪纸(乐清细纹刻纸)。为何将这一传统美术项目与首饰龙一并在节庆板块展示呢?因为乐清细纹刻纸源于首饰龙装饰用的"龙船花"延续至今,甚至独立发展出精湛的刻纸艺术。于是,展览将首饰龙与细纹刻纸进行整合讲述,在空间组合上强调其关联性,在展台分区上又各自独立,细化展现其工艺细节与发展脉络。

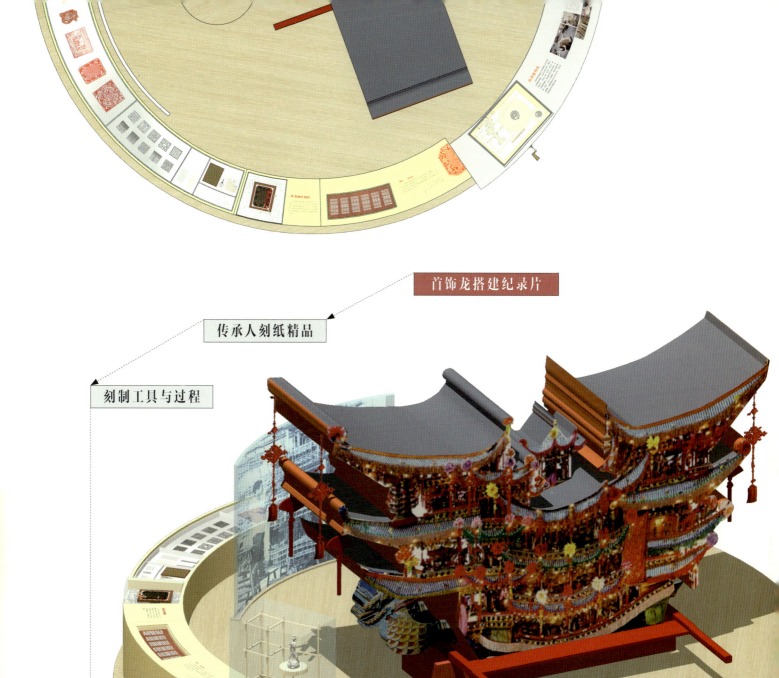

首饰龙搭建纪录片

传承人刻纸精品

刻制工具与过程

龙船花展品

项目查询屏　齿轮互动　构件与工具

透明屏记录了首饰龙制作的全过程。工具陈列和互动体验装置重点讲解首饰龙的核心结构——齿轮系统，这是首饰龙"活起来"的关键，但被包裹在首饰龙内部，其结构和运作无法被看到。为了揭示这个精妙的系统，省非遗馆特别邀请传承人专门制作了一个小型等比齿轮装置，展现齿轮与三十六行人物的联动关系，观众摇动手柄即可直观地看清其中的原理。

首饰龙的制作从剖毛竹开始，选择黄土山阴面生长的三年毛竹，而且最好是冬季砍下的竹子，比较结实牢固。接着用竹、木搭建龙骨、龙肚，龙肚就是首饰龙总体结构的框架。根据首饰龙总体安排和"三十六行"人物转动需求，制作相应大小的齿轮，再按照堂位和人物依次安装。我自制的齿轮有七种规格，都是手工打磨，精密度很高，200多个木齿轮紧密咬合以后，可以带动龙身上的300多个人物动起来。这些人物角色要搭配不同的道具，如水车、打谷机、石磨等，都要想办法做出来。安装好的齿轮要上油，这样齿轮间咬合更契合，也减轻了木料的磨损，防止木头开裂。首饰龙的关键是要定位，堂位出来就清清楚楚了，用小人棒将每堂的人物雕塑确定住，然后用竹条、篾丝编织龙头和龙身两侧的亭台楼阁，编扎工艺完成后，还要用节日灯、绸布、飘带、装饰纸等进行裱糊、布置，再贴上细纹刻纸作装饰，最后将人物与亭塔进行组装，摇动手柄，灯彩煌煌，所有人物和道具都被带动起来，活灵活现。

——灯彩（乐清首饰龙）国家级代表性传承人林顺奎

演绎·风韵

　　本板块主要以传统音乐类、传统舞蹈类、曲艺类、传统戏剧类 82 项国家级项目为依托,讲述浙江演艺人厚积薄发的艺术创造力,以"十年磨一剑"的坚韧姿态反复操练,成就"台上一分钟"的高光时刻;在婀娜的身段、婉转的唱腔、美妙的演奏、生动的舞姿里,展现出浙江人奔放的生命叙述与深切的情致风韵。

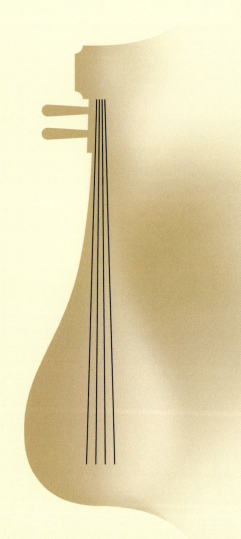

　　"三五步走遍天下,七八人百万雄兵。"浙江传统戏剧千姿百态,出将入相,况味悠长。浙派古琴、海宁皮影、越剧昆曲、龙腾狮舞、乐音曲吟,浙江传统表演艺术类型丰富、异彩纷呈,凝结着浙江人的情感意蕴、心理诉求与处世之道。

TRADITIONAL
MUSIC

乐音声声

浙江传统音乐有民歌和民族民间器乐两部分。
其中，民歌又分为汉族民歌和畲族民歌。
浙江传统音乐表现形式和演奏演唱内容丰富，
是生活在浙江大地上的人们生息、繁衍和劳动中迸发出的心声，
体现了浙江人寄寓美好生活的情感和愿望。

程式化展示

本板块包括传统舞蹈类、传统音乐类、曲艺类和传统戏剧类四个内容组团。在空间布局上，与前一板块"仪庆·精神"形成一片节庆氛围，并将传统舞蹈、传统戏剧中的皮影与木偶戏组团穿插其间，强化整体性和体验感。在设计形式上，四个组团保持了程式化展示，系统概述浙江四类表演艺术的情况。以传统音乐为例，按学术分类将传统音乐分为民歌和民族民间器乐，再将音乐类非遗项目融入其中，将作曲手稿、传承人所使用的乐器等作为重要的见证物，分组情境化展现。同时，在本板块中段设置了一处古琴听音欣赏空间，观众可以在此冥想，静聆浙派古琴的空灵之音。

文化空间

　　主线五大板块从生活的不同切面展现浙江人的丰富创造，三大文化空间则试图从区域整体性视角呈现文化生态的完整面貌。"一方水土养一方人"，生活在不同地理环境中的人们，有着各自不同的生产方式、生活方式、风俗习惯、价值观念和群体关系，反映出区域内人地关系的独特生态。与人群、与地域的联系，可以成为方便大众理解非遗、理解"浙江人"的线索。放眼浙江，枕山面海，内陆山环水绕，多样的地貌环境、连续的历史、包容的群体，让浙江形成了今天的多元格局。四百多年前，明代浙江学者王士性就观察到生活在浙江不同地域的人群有着不同的性格、生计、风俗和群体关系。他的观察对今天我们理解浙江人、理解浙江文化的多样性有着借鉴意义。借鉴多年来浙江研究的学术成果，展览最终提炼出浙东沿海、丘陵盆地和平原水乡这三大文化地理区域，并将之转化为"向海而生""寻山问居"和"觅水行商"三个文化空间。其中，"向海而生"文化空间以"绿眉毛"海船为中心，为两层通高空间，位于展厅一层；"寻山问居"和"觅水行商"位于展厅二层。

文化空间 3：觅水行商

文化空间 2：寻山问居

文化空间 1：向海而生

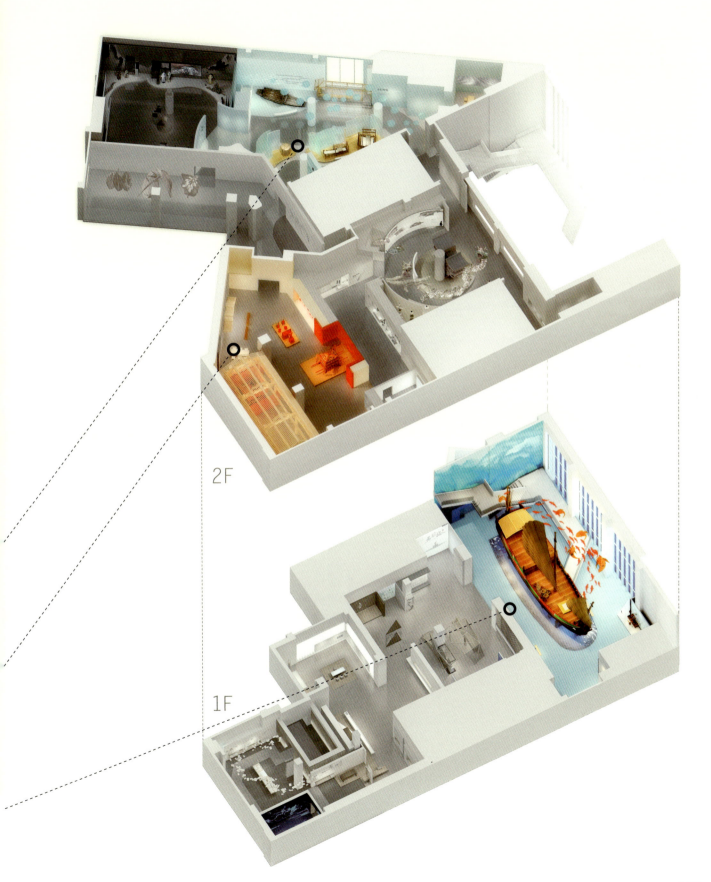

2F

1F

三大文化空间着重反映地域性。为此，省非遗馆在内容组织时，深入挖掘非遗项目与地域的联系，以"地域与人群—生产与生活—精神与习俗"这一逻辑组织内容，通过重构语境，将碎片化的非遗项目纳入不同情境重组再现；在空间设计上，紧扣地域特点，提取具有区域特性的色彩、材质和造型语言，打造三个极具辨识度的文化空间，选择海洋蓝、山地红和水乡绿作为空间主色调，提取海潮、山影、水光作为视觉主元素，彰显区域个性。此外，三个文化空间整体造型简练简化、空间形态纯净，并从版式设计上形成相对统一的模式，在视觉上具有统一的辨识度。

基础色

缟

赭石

青骊山

重点色

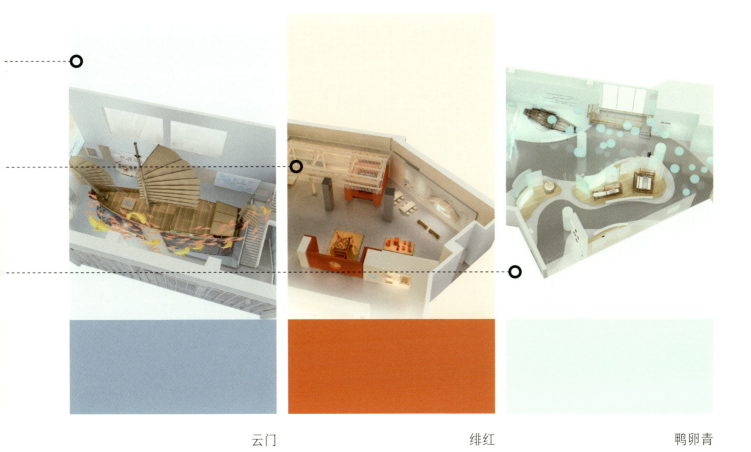

云门　　　　　　　　　　绯红　　　　　　　　　　鸭卵青

三个文化空间的时间节律

日出而作、日落而息。浙江人依据本地天文、物候、风土、人事活动规律进行经济安排、社会调整与文化设计，建立了属于自己的时间认知框架，适时而作、应季而动，这种认知不仅为农、蚕、渔等农事农政提供时间表，也为饮食娱乐、仪式信仰、养生医疗等社会生活奠定了时间节律的基础。浩瀚的东海有着特定的时节，海滨居民随鱼汛来去、潮水涨落安排劳作；金华、衢州、丽水等地山脉纵横、丘陵起伏，山民顺山林之势营建居住村落，耕读传家，形成独具山区特色的生活习俗；浙江北部杭嘉湖平原、宁绍平原水网密布，水乡居民枕水而居，循蚕乡月令从事桑蚕生产。

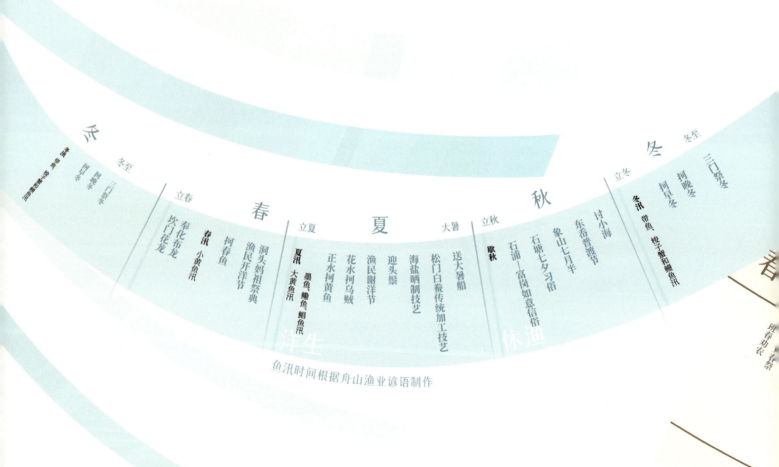

鱼汛时间根据舟山渔业谚语制作

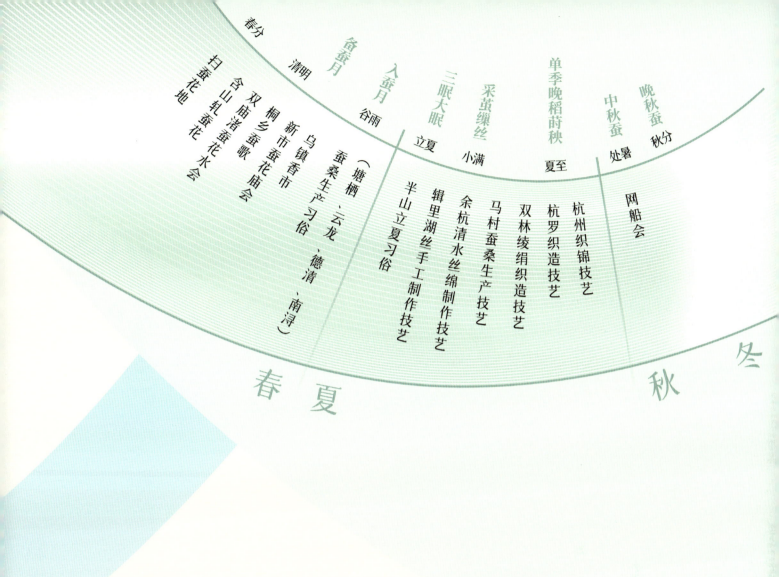

春分

清明

畲蚕月 谷雨

入蚕月 立夏

三眠大眠 小满

采茧缫丝

单季晚稻莳秧 夏至

晚秋蚕 秋分

中秋蚕 处暑

拍蚕花地
合山轧蚕花水会
双庙渚蚕歌
桐乡蚕花庙会
新市蚕花庙会
乌镇香市
蚕桑生产习俗·德清·南浔)
（塘栖、云龙

半山立夏习俗
辑里湖丝手工制作技艺
余杭清水丝绵制作技艺
马村蚕桑生产技艺
双林绫绢织造技艺
杭罗织造技艺
杭州织锦技艺
网船会

春 夏 秋 冬

清明

小满 芒种 夏

立秋 白露 秋

立冬 冬 春

九华立春祭 班春劝农

畲族三月三
龙舞
赶茶场·兰溪断头龙
（浦江板凳龙
……）
婺州举岩茶制作技艺

菇民戏
富阳竹纸制作技艺
龙游皮纸制作技艺
梅源芒种开犁节
金华斗牛
瓯江端午茶
松阳端午茶
端午走桥习俗
大溪边祈水节
张山寨七七会

义乌束加工技艺
文成白露习俗
枫桥香榧采制技艺
开化香火草龙
炼火
赶茶场（秋社）

香菇歆花技艺
常山传统榨油技艺
金华火腿制作技艺

161

文化空间一：向海而生

　　本区块以浙东沿海一带所形成的浙江海洋文化空间为整体展示对象，以带有海洋元素和海滨生产生活特色的非遗项目为依托，以海洋文化生态的构成为线索，在空间中以大型"绿眉毛"海船为核心，按照"海船建造、海滨生活、海洋信俗、海洋艺术"的逻辑组团，有序组织、串联传统木船制造技艺、海民信仰、生产劳作、海洋故事与渔谚、海洋号子与渔歌、海洋民间艺术等非遗项目，勾勒出浙江海洋生活画卷。

浙江东临大海，舟山群岛、宁波象山、台州玉环、温州洞头等地，皆与海为邻，蜿蜒绵约，堪称黄金海岸线。渔民们靠海吃海，传承瓯越文化，节概旷达、置生死于度外。他们祭海出航、撒网捕鱼、晒盐制卤、制衣结绳、雕贝嵌螺，形成了特色鲜明的浙江海洋文化。

向海而生

LIVING
AT THE SEA

浙江东临大海，舟山群岛、宁波象山、台州玉环、温州洞头
皆与海为邻，蜿蜒绰约，堪称黄金海岸线。
渔民们靠海吃海，传承瓯越、古越文化，节概旷达、生死戌
他们祭海出航、撒网捕鱼、晒盐制鲞、制衣结绳、雕贝嵌蟾
形成了特色鲜明的浙江海洋文化。

Zhejiang faces the East China Sea on the east, and many areas in Zhejiang
e.g. Zhoushan Islands, Xiangshan in Ningbo, Yuhuan in Taizhou and Dongt
in Wenzhou, form a winding golden coastline where fishermen make their
living on the sea and inherit the Ou-Yue culture and ancient Yue culture
characterized by integrity, heroism and open-mindedness. The fishermen
sail while paying tribute to the sea, fish, evaporate brine in the sun to make
salt, make dried salted fish, fishing nets and works of art by carving on she
therefore, a distinctive Zhejiang marine culture is formed.

"绿眉毛"海船

　　海船是浙江沿海渔民海上劳作与生活的重要工具，"绿眉毛"是浙江海船的典型代表。它的船首形似鸟嘴，因船眼上方有条"绿色眉"而得名，是中国古代四大名船之一。在海洋文化空间中，"绿眉毛"海船是最大、最核心的展品，同时也是展示海上生活的载体。基于海船巨大的体量，海船的制作以场外加工、馆内组装的方式开展。考虑到其制造技艺属于国家级非遗项目，在海船正式制作时，省非遗馆同步进行了全过程跟踪记录工作。拍摄团队跟随传承人岑国和老师的脚步，跟拍了这艘海船建造的完整过程，让"人"与"过程"真正在展览中得以贯穿。纪录片被巧妙地安放在楼梯下口的独立空间内，在这里，观众可以仔细观看这艘海船从选料、构件加工再到现场搭建、成型的全过程；也可以看到海船设计手稿、为造大船所搭的微缩船模、造船中使用的工具甚至半成品、碎屑等一切见证了造船过程的实物展品。

2020 年，我接到浙江省非物质文化遗产保护中心的电话，说要在省非遗馆里造一艘大船。我说这是一件好事，作为国家级非遗传承人在这里亮相，让我感觉非常好。但是，首先要确定这条船的自重量。后来，省文旅厅领导和建筑设计人员到我厂里，大家打开建筑图纸一起探讨这个事情。经过多方面的考虑和认证，再加上我以往的经验，最终考虑把船的自重量定在 35 吨左右，整条船长 22 米、高 15 米、宽 5.5 米。

——传统木船制造技艺国家级代表性传承人岑国和

命名　　船首形似鸟嘴，又称"鸟船"，因船头眼上方有条"绿眉毛"而得名。

类型　　浙江海上运输、海洋渔业捕捞主要船舶。

尺寸与结构　长 22 米，宽 5.5 米，桅高 13.5 米，排水量 85 吨，三桅三帆，自重 35 吨。

速度　　使用风力，航速最高可达每小时 9 海里（16.668 公里）。

历史　　"绿眉毛"为中国古代"四大名船"之一。宋代出现，明清时期得到广泛应用，1405—1433 年间，随郑和七下西洋，遍访亚非 30 多个国家和地区。

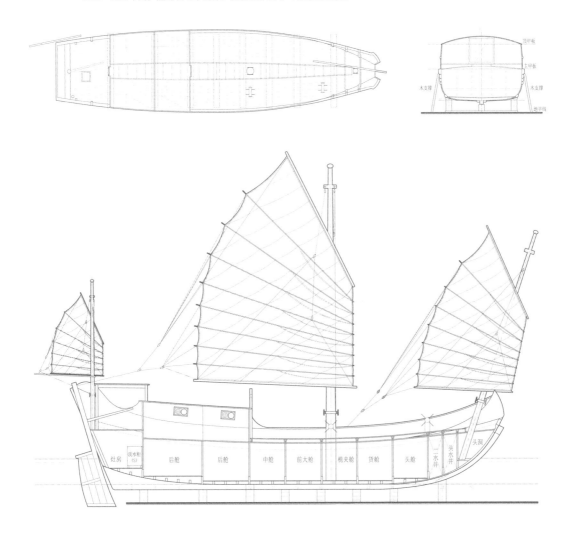

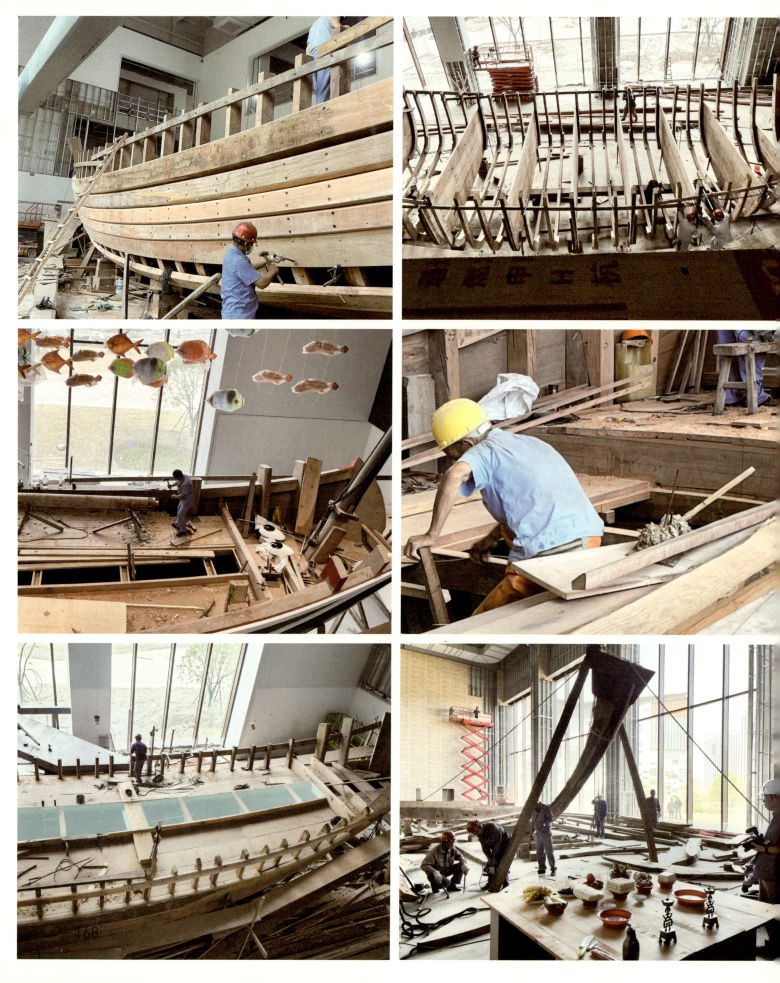

从海船到海洋文化

　　"绿眉毛"是重点展品，但仅有海船无法完整展示浙江海洋文化面貌，还需要结合造船、渔业等内容。实际上，自建筑设计开始，策展团队就在不断思考、调整并完善整个海洋文化空间的布局，思考海船怎样摆放，怎么利用船体讲滨海人民的故事，怎样利用海船形成从一楼到二楼的动线，让观众既可以上船观看，也可以沿船看到滨海人民的生产生活习俗，最终把这些内容与海船融合成有机的整体。

海洋信俗

渔民开洋节
渔民谢洋节
舟山锣鼓
青田鱼灯舞
洞头妈祖祭典
海岛传统婚礼习俗
岱山海难特殊葬礼

海洋艺术

舟山螺钿镶嵌制作工艺
贝雕
石窗艺术
灰雕

海滨生活

三门讨小海习俗
岱山海洋鱼类传统加工技艺
松门白鲞传统加工技艺
海盐晒制技艺
普陀渔民画
嵊泗海洋渔民服饰制作技艺
延绳钓捕捞技艺
渔网编织技艺
渔用绳索结编织技艺
海洋动物故事
舟山渔业谚语
洞头海岛气象谚语
路桥气象谚语
海洋号子（象山、舟山）
渔歌（嵊泗渔歌）

散点式布局　环绕式通道

　　因海船本身的体量巨大，所剩空间十分有限，于是空间谋划时随形就势，将所有内容归纳为海船建造、海滨生活、海洋信俗和海洋艺术四个组团，以海洋时间表打头，围绕船体的参观路线进行散点式安置。

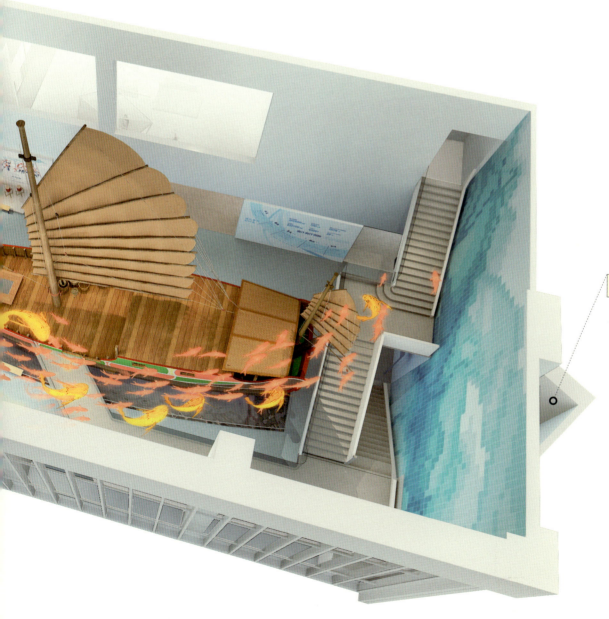

海船建造

传统木船制造技艺
船饰习俗
船模艺术

出海先从"开洋"开始，海船周边的第一组团是海洋信俗。东海富饶辽阔但也风急浪高，对海洋的敬畏与感恩融入渔民血脉。这里陈列着舟山锣鼓，用手绘方式集合坎门花龙与鳌龙鱼灯舞、送大暑船等项目，并用媒体展示洞头妈祖祭典等仪式，展现宁波象山、舟山岱山、温州洞头等地至今保留的祭海习俗。随后，沿着船身周边的环线，散布着海滨生活的组团。海盐晒制、讨小海、鱼类加工等内容，用大背景手绘还原其工序与原生态环境，结合工具、制品的实物陈列形成情境化展示。同时，利用建筑两侧的低空间进行海洋艺术专题陈列，播放记录海船建造过程的影片。

最后，在船尾靠墙侧架设"之"字形阶梯连通一、二层。其间设两个参观平台：第一个平台，与船身相连，与海船的甲板齐高，观众可直接走上"绿眉毛"参观船舱；第二个平台，与船尾的驾驶舱顶部齐高，作为长梯的暂歇处，也作为俯瞰海船的高层平台。

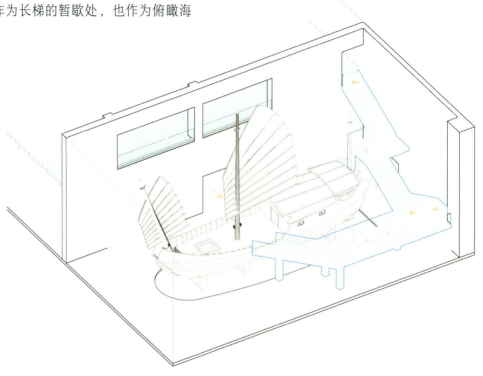

收牡蛎

虾推捕虾

张网捕鱼

三门讨小海习俗

　　三门渔民去海涂捡小鱼、小虾，到岸礁挖蛎、采紫菜或摇着小舢板在近海捕捞，这种生产方式被称作"讨小海"，讨小海习俗汇集了三门湾渔民的人生礼仪、信仰、禁忌、渔谚、渔歌、民间艺术等诸多内容。

捉望潮

钓弹涂鱼

蟹揽捉蟹

捉蟹

捉蛏子

筛蛏苗

耙蛤蜊

看船的六个视角

"绿眉毛"是整个场馆重量级展品之一，展区配合参观动线设计了六种观看视角，层层递进，空间层次感更丰富、更有趣。

远看海船

海洋文化空间在一个两层通高的空间中。海船体量巨大，与之相邻的两个板块小而精致。走向海洋文化空间时，"绿眉毛"庞大的船身将带给观众震撼。为了平衡大小空间，设计团队将过渡通道做到最大，尽显海之大气。

环看海船

"绿眉毛"位于海洋文化空间的正中，船身上宽下窄。观众可近距离环绕海船，全方位感受海船。抬头仰望，那条扬起的"绿眉毛"、大"眼睛"、晾晒的渔网、精美的鱼灯，能否让你闻到大海的气息？

进入海船

从平台上船，站在船身中部，上部是驾驶舱，内设灶台，两侧是带床榻的船员生活舱，透过玻璃甲板可以看到分隔的舱室，两个巨大的货舱满载货物。

海船航行

　　站在夹层平台，正是船尾驾驶舱的视角。船头的巨型 LED 屏打造海面航行的沉浸式视听效果，让观众仿佛置身海上，有海风拂面。

俯瞰海船

　　二层展示的是关于民俗节庆的内容。站在二层，侧身从扶手处向下看，便似在空中鸟瞰完整的"绿眉毛"，一个全新的视角就此打开。同样的"绿眉毛"、大"眼睛"，同样的渔网、鱼灯、桅杆、甲板，却有不同的观感。

室外观船

　　走出展馆，绕到省非遗馆建筑的北面。当夜幕降临，灯光照亮整个海洋空间，透过十米高的整面落地窗，老远就能看到展厅内扬帆起航的"绿眉毛"和群聚游行的鱼灯，似一道流动的海洋图景。

在展厅里造海

越海扬帆、勇立潮头的"绿眉毛",是海上的精灵。有船,怎能没有海?那么,如何在展厅里造海?

船下的海面——选用大尺寸不锈钢波纹板,不规则地拼贴于海船之下。阳光经波纹板折射后,会在船身两侧泛起粼粼波光,好似一片流动的海面。

海洋大屏——海船正前方是一面 LED 大屏,滚动播放着巨浪。宽 15 米、高 7 米的巨幕带来极致视效,仿佛"绿眉毛"迎着晨曦出海,正扬帆航行在激荡的东海之上。

海的质感与味道——环绕海船,在细节上贯彻营造海洋氛围的宗旨。用大面手绘插画与实物组合展现海滨民俗与生活情景,画面的海浪上叠加了白色细石英砂,凹凸的肌理有盐一般的质感,光照下有闪闪光泽,让海的质感更显细腻。海的氛围不只有视觉,嗅觉上"海的味道"更能激发观众的感官联想。所以,省非遗馆在这一展区放置了香氛发射机散发定制的海洋香调。类似的设计,在品茶空间和听琴空间也有。

"东海鱼汛"鱼灯装置——在海船上空,我们邀请传承人设计了一组鱼灯。这些鱼灯以东海典型经济鱼类为基础,沿步道形成一条由各种东海鱼群组成的鱼汛,呼应鳌龙鱼灯舞等非遗项目,强化海洋氛围,起到引导作用,与二楼民俗节庆的内容相衔接。

我们选择以海洋鱼类作为鱼灯主要题材，特别是浙江盛产的、有较高辨识度的经济鱼类。这80只鱼灯中，主角是大、小黄鱼，占半数以上，再辅以鲳鱼和蝴蝶鱼，狮子鱼、剑鱼等零星点缀，3个大灯是鲸鱼、鲨鱼这类大型海洋动物。鱼灯用毛竹搭骨架，在结构上创新性地引入船只龙骨的设计理念，经向都有类似龙骨的主支撑，纬向辅以数个细撑，大大减少了骨架总数，提升了透光度。鱼灯整体形态讲求写实，以红、黄为主色调，展现蓬勃的生机。

——湖州风筝制作技艺市级代表性传承人金月强

"逐浪"艺术装置

　　船尾16米通高的墙面不适合展示实质性的内容，省非遗馆于是设计了"逐浪"艺术装置。用不同深浅的蓝色，表现不同时间、气候下，不同人的东海印象。蓝色是海洋最强烈的色彩，它与动态的海洋大屏幕、巨大的海船一起，共同奠定了海洋文化空间的视觉调性。随着观众步调的上行，大海波动着、变化着，就像是一种海的情绪的表达。

文化空间二：寻山问居

本板块以丘陵盆地文化区为主要表现对象，以带有山地环境元素和文化特色的非遗项目为依托，重点突出金衢一带的民居营造技艺、家族文化，以及宁绍地区令人瞩目的"十里红妆"婚俗，以小见大，集中展示该地域人民生活中最具特色的非遗。

"七山一水二分田"，浙江多丘陵山地，尤其是金华、衢州、丽水一带，聚山林盆地，环境相对闭塞，人们共族而居，群体间情感联结紧密，宗族观念浓厚，民风俭素；而宁波、绍兴、台州等地，处山靠海，尚古淳风，踏实务本，重视民俗礼节。大山的沉稳与包容，根植于山民的劳动与创造，成就弥足珍贵的文化精魂。

居

问

"七山二水一分田",浙江多丘陵山地,
尤其是金华、衢州、丽水一带,崇山林盆地,环境相对闭塞。
人们聚族而居,群体间情感联结紧密,宗族观念浓厚,民风仕素;
宁波、绍兴、台州等地,处山靠海,尚古淳风,路实务本,重视民俗礼节。
大山的沉稳与包容,有待千山民的劳动与创造,成就宋足珍贵的文化精魂。

SEEKING
MOUNTAIN DWE

Hilly and mountainous areas take up about 70% of the land in Zhejiang, especially in Jinhua, Quzhou and Lishui areas, where people live in a relatively secluded environment of mountains and basins, with close emotional ties between communities, strong clan concepts and plain folkways. Meanwhile, there are about 20% watery areas and 10% farmland in Zhejiang where people in Ningbo, Shaoxing and Taizhou have developed simple and plain customs, down-to-earth attitudes and folk rituals. The hills and mountains, with serenity and tolerance in the labor and creation of the mountain people, are a precious cultural component.

在展厅造房搭桥

　　在实际建筑中，二层展厅被公共廊道分成两个空间，前一空间相对方正，东南角的层高和柱跨条件相对较好，因而作为基本陈列另一大型展品——民居的落脚点。由此，"寻山问居"板块的大致区位得以确定。这一板块包括"诗意栖居"和"十里红妆"两个组团，其核心是民居建筑。在这里，民居建筑既是反映婺州传统民居营造技艺的实体展品，也是"家"的代名词。尤其在看完民俗和各类表演艺术之后，寻找乡情的寄托、回归家庭的美好，在情感上是最好的转换。而在空间上，这个"家"也是廊桥翻山越水连接的对象，红妆十里最终的归宿。

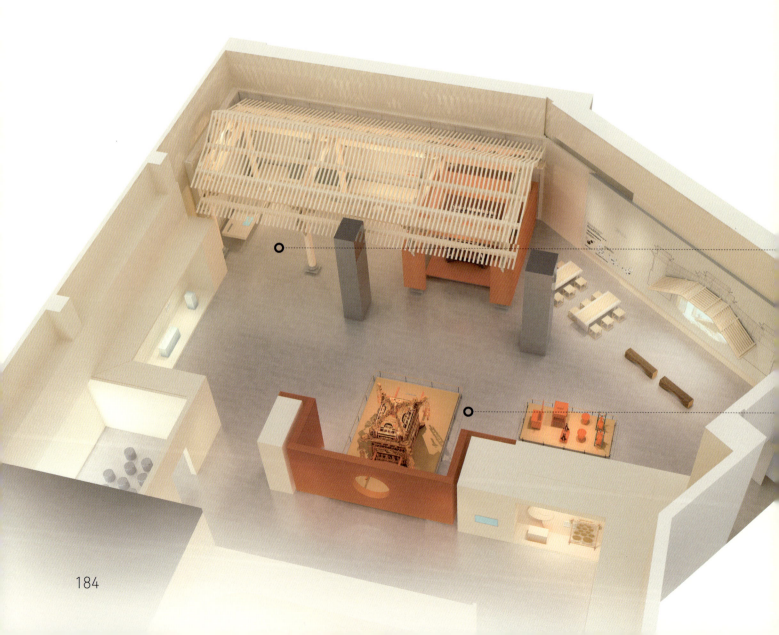

在房子里面再造房子，这是很难的。因为展厅顶上的风管等结构，这个建筑在高度上达不到 1:1，但开间、进深基本上都跟卢宅的肃雍堂一样，不光是木雕构件，还包括整个形制规定。但是从设计图纸开始到备料、施工，时间只有两个月，难度太大、任务真的太紧了。这个过程中最难忘的是什么？我们的木头，直径 45 公分、六七米高、一吨多重，要从哪里进到展厅的二楼？后来我们想到办法，协调项目部把旁边的消防窗拆掉，在展馆外面搭了一个脚手架，从窗户里一根木头一根木头塞进来，这是我做了 40 多年木匠第一次碰到的。

——婺州传统民居营造技艺（东阳卢宅营造技艺）省级代表性传承人吕雄心

诗意栖居

十里红妆

形制上，这座建筑以东阳卢宅肃雍堂为蓝本，邀请传承人根据展厅空间1:1定制，并现场搭建。三开间建筑，整体以原木色为基调，顶面重点复现肃雍堂精妙的梁架结构和雕梁画栋的细节，尤其是牛腿雕花。左侧两开间的展示区域，集合了另外三项由婺州传统民居营建技艺营建的模型民居，以及一组"牛腿"过程性实物和东阳木雕工具陈列。右侧开间展示"家"中的千工床，与"十里红妆"组团形成空间上的串联。与海船一样，民居营建过程也得到了全程记录拍摄，作为特殊的展品集成于"寻山问居"板块的查询屏中。而民居建筑的榫卯结构知识点，则转化为实木搭建互动。

"诗意栖居"组团还有一项极为重要的非遗项目——中国木拱桥传统营造技艺，这项技艺在 2009 年被联合国教科文组织认定为急需保护的非物质文化遗产项目。浙南的泰顺、庆元等地，至今保存着各类廊桥 90 多座，为全国廊桥数量之最，且仍然传承着木拱桥传统营造技艺。这些廊桥的核心技术是"编梁"，这里按 1:5 的比例制作了模型来呈现这一结构，并用纪录片展示这座廊桥的真实搭建过程。本板块同样设计了互动装置，让观众亲自尝试搭建一座木拱廊桥。

联合国教科文组织认定
营造技艺为急需保护的非物质文化遗产项目

乔传统营造技艺

记忆里的红妆

    "十里红妆"是"寻山问居"文化空间的一抹亮色，它流行于浙东一带，尤以宁绍地区为盛。如今，"十里红妆"已成记忆，但骨木镶嵌、朱金漆木雕等制作技艺依然流传。展区提取"十里红妆"的红色为区域主调，辅以金色，强化富庶、喜庆的空间基调，通过异质化方式展现记忆里的红妆。

用解构主义的手法，设计团队在民居建筑中设计了一个异质盒子以容纳"千工床"，以建筑为空间载体，用红色盒子与"万工轿"形成空间整体。设置独立展台重点展示"万工轿"，和"千工床"遥相呼应。一组红妆用品，通过延伸展台和亚克力展柜形成符号化、阵列化的集成展示。由此，形成"千工床，万工轿，十里红嫁妆"的视觉印象。

汉族传统婚俗（宁海十里红妆婚俗）

宁海十里红妆婚俗包括定情、做媒、相亲、备嫁妆、迎嫁妆、花轿迎娶、拜天地、闹洞房、回门等内容。在迎嫁妆环节，嫁妆队伍绵延数里，尤为壮观，民间称之为"十里红妆"。红妆器物件有雕漆工艺，体现了浙东地区婚俗文化，表达了吉祥喜庆的美好祈愿。

宁波泥金彩漆

宁波传统工艺"三金"之一，以中国生漆和金箔为主要原料，将泥金工艺和彩漆工艺相结合，有"堆泥（堆塑）"浇粉"和"泥金彩绘"三种主要制作方法。目前宁海地区保留此项传统手工艺。

文化空间三：觅水行商

　　"觅水行商"展区，以杭嘉湖平原、宁绍平原一带的水乡文化空间
为整体展示对象，以带有水乡环境元素和水乡生产生活特色的非遗项
目为依托，突出水乡人民劳作中的桑蚕丝织习俗以及漫步石桥、摇橹
行船、观看社戏等悠然闲适的生活面貌，有重点、有亮点地展示江南
水乡地域独特的文化生态。

　　浙江的杭嘉湖平原与宁绍平原，自古水网密
布，人称"鱼米之乡、丝绸之府"。江南繁华市
镇，小桥流水人家，秉承吴越文化遗风，人们养
蚕缫丝、水行舟处，演绎出云蒸霞蔚、隽永文秀
的地域气质。

SEEKING
WATER TOWN DWELLINGS

觅水行商

一片水乡风情

　　"觅水行商"与"寻山问居"两个文化空间，在建筑中被一段公共廊道分割。为避免观众行进到这里时产生割裂感，需要充分利用廊道引导后续参观，加强水乡展区与之前展厅的连接。首先，将水乡展区内的地面材质往外延伸，采用卷材艺术拼接的方式，在两展区地面间形成具有视觉引导性的连贯通道。其次，用绍兴童谣中具有代表性的歌谣设计文字艺术墙面，让有关水乡的记忆像河流一样流淌进水乡展厅，这既是符号性的标识，也是极有特色的乡愁打卡点。

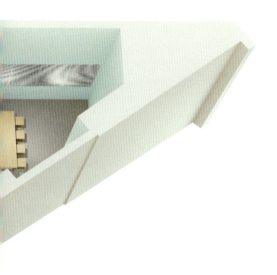

　　"觅水行商"文化空间的整体氛围营造以打造水乡风情为目标。空间取意自小桥流水，从展区外延伸而来的地面宛若河流贯穿展厅，中间环绕而成的展台仿佛河岸人家。展区颜色来自早春雨后的青绿，展区的弧形隔断是半遮半透的江南烟雨气，无论造型、色彩还是材质语言，无一不营造出婉约雅致的江南印象。

可感知的蚕桑丝织

　　本展区分为"蚕桑丝织"和"水行舟处"两个组团。前一组团围绕杭嘉湖一带最有特色的"中国蚕桑丝织技艺"（2009 年被列入联合国教科文组织人类非物质文化遗产代表作名录）展开，展示栽桑、养蚕、缫丝、丝织等生产技艺，其间所用到的各种工具，由此生产的丝绸产品，以及过程中衍生的相关民俗活动。为了方便观众理解，展区按照种桑养蚕、缫丝、织造三个蚕桑生产核心环节的逻辑，将浙江各项蚕桑丝织项目穿插其中。展区的一侧是蚕桑丝织的全过程，另一侧则集中展示精选的浙江丝绸面料产品。展区设计了一个互动装置，鼓励观众近距离观察面料细节，触摸其质感，深入了解绫罗绸缎的不同之处。此外，展区专门设计"绵连"交互体验，基于余杭清水丝绵制作技艺，用数媒技术打造体感交互空间，让观众在丝线流转中感受生命的脉动。

借个窗拼座桥

展区的第二组团"水行舟处",呈现由伞、阁、船、桥构成的典型江南景致。

设计中保留了建筑西侧的一扇窗,让水乡展区回归自然光的户外调性。同时,将窗与水阁建筑相结合。水阁是水乡小镇常见的临水建筑,其临水侧常作行人过廊,过廊扶手与座椅常被称为"美人靠"。利用这一建筑特性,展区用浅色原木搭建出一座定制版水阁,观众可以在美人靠上倚水凭栏,也可凭窗远眺户外风景,感受真实的时间流动、四季变化。

"小桥流水人家",桥是水乡不可或缺的元素。真实尺寸的石桥过大,原貌展示也无法体现石桥营造技艺的精湛。省非遗馆最终选定半透明的水晶材质,在让视觉更轻盈通透的同时,表现出石桥营造技艺中石块堆叠的技法。无法按原有体量搭出完整的桥,那就搭半座借半座——在桥侧搭起一面 LED 屏幕,播放《水行舟处 梦回江南》影片,影片头尾定格画面正好是实拍的水乡石桥,屏幕里的半座桥和实际搭建的水晶桥正好拼成一个完整的半圆桥面,巧妙借景。

两岸的豆麦和河底的水草所散发出来的清香，夹杂在水气中扑面的吹来；

月色便朦胧地在这水气里。

淡黑的起伏的连山，仿佛是踊跃的铁的兽脊似的，

那远远的向船尾跑去了，但我却还以为船慢。

他们换了四回手，渐望见依稀的赵庄，而且似乎听到歌吹了，

还有几点火，料想便是戏台，但或者也许是渔火。

——鲁迅《社戏》

尾厅：生根·迭代

　　浙江数量庞大、类型丰富的非遗资源，为探索非遗的当代转化提供了丰厚的基础。浙江人利用灵巧的双手、开放的眼界和灵活的经商头脑，用不同方式尝试非遗的当代转化，探索文化多样性的更多可能。展览的尾厅，既是非遗当代转化的展示，也是对非遗未来的探问与思考。

　　根植于浙江这片丰沃的土地，浙江非遗长期浸润于精致、务实、包容、开放的土壤，于传统中见未来。非遗在于赓续传统文脉中的坚守，也在于精神底色下的进取，这恰是知白守黑、知雄守雌的中国文化特性。非遗不止于固守传统，更蕴含着开放的思维方式与生活态度。守正，知所来；创新，明所往，生发迭代，让非遗绽放出迷人的时代光彩。

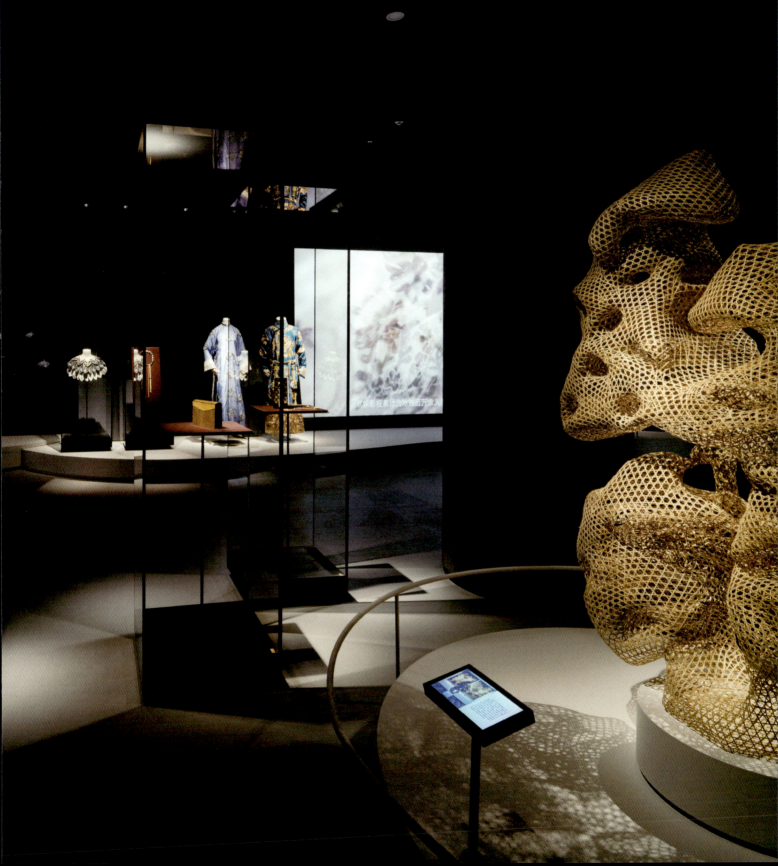

非遗的未来　开放的结尾

在整个基本陈列的结尾，我们希望观众不仅看到浙江非遗的精彩纷呈，还能有一些触动、一些思考。所以，展览有了一个开放式的结尾：尾厅空间选取了六组不同传承人的实践案例，展现浙江人如何践行非遗的创造性发展与创新性转化；外长廊的一组艺术装置，用当代艺术语言表达对非遗的认识。这是一个不同以往的空间，前面的展厅以亮空间为主，有明确的信息传达，而这里是一个全镜面的暗空间，除了展品介绍和"传承人说"之外，没有任何多余的文字。我们希望让传承人的作品以及他们的思考带领观众欣赏、静思，用开放的思维迎接更多可能。

五千年什么文化都在变，唯独青铜文化一直没变，它的创作方式也一直没变。但是在模具的圈扼中铸造成形，仿佛成了铜的宿命。作为一个普通工匠，我希望突破它。我不能超越和改变千年的铜文化，但是我可以创造一种全新的表现形式，去重新演绎青铜艺术。我把铜从模具中"解放"出来，让铜自由流淌，让它充分地展示上天给它的脾性。从青铜到熔铜，铜"走"了五千年。

——铜雕技艺国家级代表性传承人朱炳仁

　　现在我们复兴竹编工艺，要从现代人的审美或者新一代人的感受上去重新定义它。当代的竹编应该是什么样的？首先，它应该融入当下的生活和审美语境；其次，它作为全新的创作语言，可以突破认知界限，成为具备启发性和多元可能的艺术媒材。

——乌镇竹编省级代表性传承人钱利淮

　　绣品要有情绪甚至生命，不仅是对图像的再呈现。设计的最高境界是大音希声，大象无形。

——台州刺绣省级代表性传承人林霞

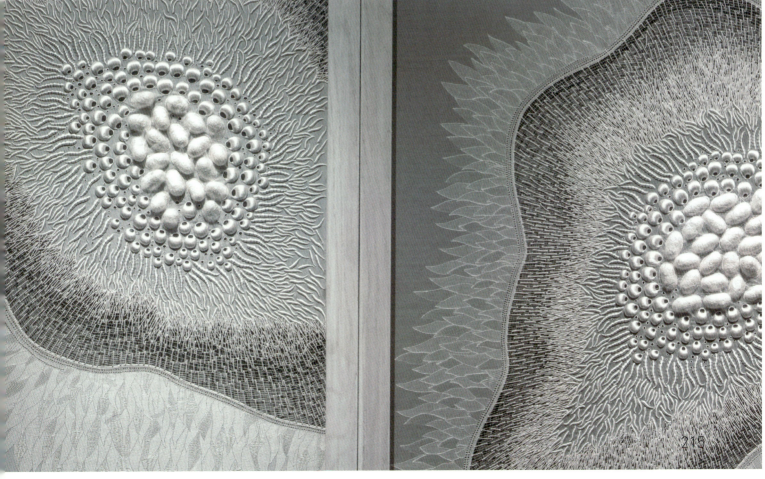

216

"轴线"艺术装置

这组作品以场景叙事的方式，用植物隐喻文化传承的生命力和
延续性，叶子的三种形态在空间和时间上为观者提供了或并置、或
递进、或转折的观察角度。

　　按非遗馆观展的路径，尾厅或是总结，或是承前启后。我思考了一下"非物
质文化遗产"这个词在未来的模样。这是一场与时间有关的阐述，它是鲜活流动
的、具有生命的力量。在我的视角里，这是一部相对完整的浙江非遗图录，一本
篇幅不小的叙事作品，这部作品有可被无限延续的章节，在尾厅，或许我可以用
我的方式写一段和它有关的"小结语"。小结以一组三件雕塑装置的方式呈现。
我把展馆中无形的叙述与对话关系延展到尾厅，用场景叙事的方式在空间正中轴
线上放置三件作品，以时间轴为核心，总结过去、穿越现在、思考未来。这样的
排序也为观者提供了或并置、或递进、或转折的观察角度。植物是我认为在上述
语境中最恰当的表达载体，它含藏年代的记忆和痕迹，见证时代的更迭，树叶上
纵横相交的脉络是时间描绘出的精准画面。我随即画了几片大叶子。我想它们应
该是肥硕饱满且造型独特的，带着劲儿，也带着希望，蕴藏着传承文化的生命力
和延续性。

—— 装置艺术家宣晴

非遗不是一种老旧的思维，它代表着一种来自民间、雅俗共赏的文化和美感积累，是联结过往与当下的桥梁。省非遗馆的尝试和努力，也不只是拭亮蒙尘的记忆，更是追寻一种新的生活方式和态度——让大众感受非遗的温度和情感，思考传统与当下、人与人、人与物之间的关系，重新建立起彼此的尊重和信任，让非遗回归当代人的日常生活。

探索非遗的数字化展示

非物质文化遗产多数没有物质载体，且多为动态的过程，需要通过一定时间将过程与现象显示出来，其后还包含着仪式、知识与价值观等内核。非物质性、过程性和精神性这些特点，使得非遗展示存在诸多难点。当今的数字技术，在过程性记录、大数据存储调阅、深度阐释、沉浸式体验、体感交互等方面优势明显，正合乎非遗展示的需求。实际上，数字化贯穿非遗保护、内容挖掘、智慧管理和活化利用的全过程，按应用可分为数字资产、数字展示和数字文创等。数字资产主要基于非遗资源开展数字化采集、信息化管理、知识图谱拓展、数字化保护修复等；数字展示包括线上云展览、云直播，以及基于实体空间的智慧导览、展示查询、交互体验、数字展厅等；数字文创包括文创转化产品、数字文创版权、数字教育产品等新应用。省非遗馆以此谋篇布局，搭建非遗数字化整体架构，并着力从基本陈列中深挖数字展示的潜能。

展览基于三类核心展示需求，结合数字技术的优势进行设计转化，以此丰富非遗的内容信息与展示方式，增加多样的创意体验形式，探索观众参与共创的模式。

（1）数字记录与共享。基于浙江非遗数字资源，在主线五大板块、三个文化空间中置入项目池，满足观众查询更多项目信息的需求。针对海船、首饰龙等重要展品，进行制作过程全程跟踪记录，并将此成果作为特殊的数字展品一并展出。

（2）数字欣赏。引入更多元的拍摄手法与数媒技术，呈现更细腻、多风格、多层次的视听盛宴。

（3）数智交互。围绕浙江特色非遗项目，进行数字再创，让观众在亲身参与中感受非遗魅力。

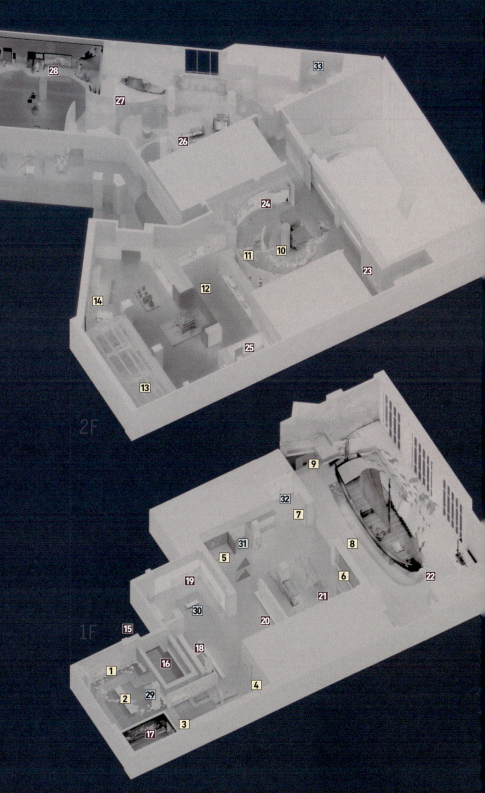

浙江 11 个地市方言众多。方言尽管不是非遗项目，但却是民间文学传播的重要媒介，同时也是传递情感、辨识同乡、确认归属的纽带。于是，省非遗馆在"口传·印记"板块中特别安置了一个乡音故事机。在这里，观众可以选择聆听用不同方言录制的传说故事，也可以用方言讲一段家乡的民间故事。随着时间的积累，乡音故事越来越丰富，观众也从聆听者逐渐成为民间文学的传播者，实现口耳相传的当代传承。

用你的家乡话，讲个故事吧！

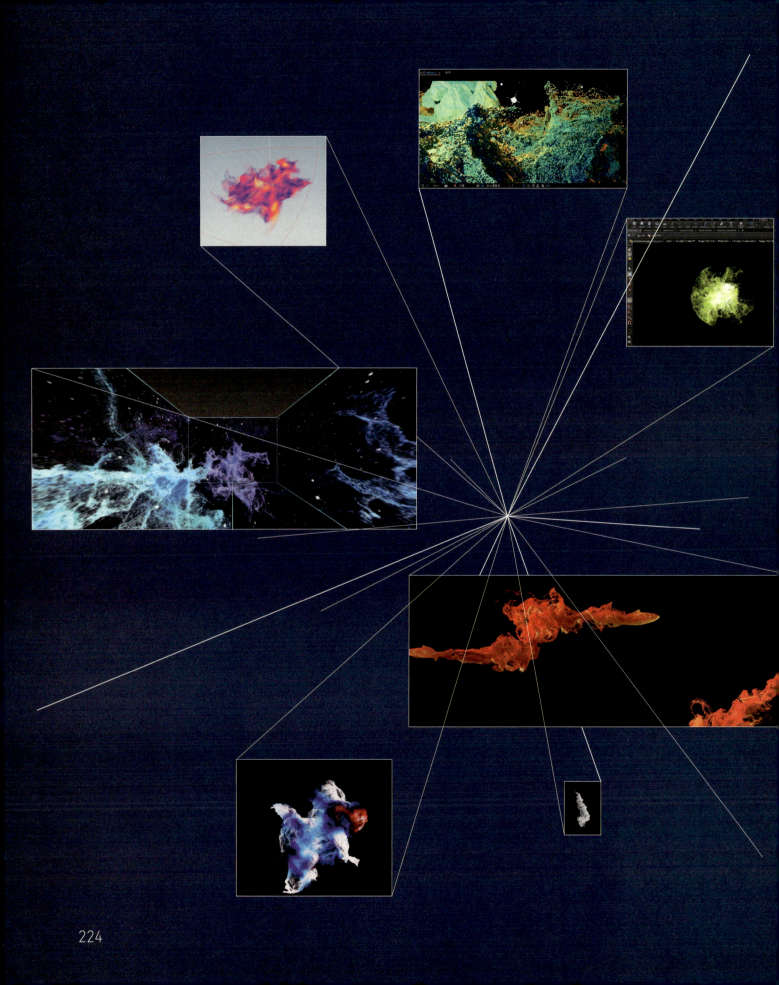

"传"沉浸式影院

　　传统民间故事，多数传递着中华民族最朴素的哲学思想：向善、守信、重情义等，是含蓄的浪漫，其价值穿越时空、跨越古今。民间文学口耳相传至今，其演绎方式越来越多元，但故事内核和哲思美学并未改变。"传"沉浸式影院尝试用新媒体艺术重新演绎这些民间文学故事，选取了梁祝传说和白蛇传传说中最经典的元素，如伞、船、桥、亭、蝴蝶等，用粒子动画的方式演绎聚散离合，观众可跟随音乐与飞舞的粒子，沉浸式地感受民间文学穿越时空的美。

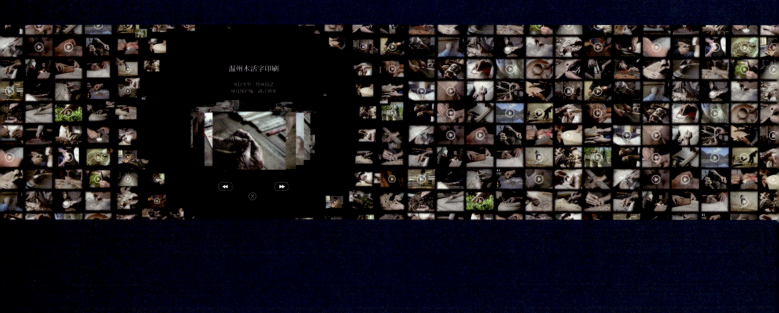

百工墙魔屏

　　浙江拥有 79 项国家级传统美术类、传统技艺类项目，号称"百工之乡"。如果要提炼一个元素来代表手工艺人群体，那一定是他们的手，创作中的手、写满岁月痕迹的手。在"手艺·生活"板块有一面百工墙，用手部细节照片形成阵列来表达百工的群体性，其中穿插魔屏来容纳更多的扩展信息。当观众点击魔屏进行交互时，一双双充满岁月与劳作痕迹的双手便会动起来，展现匠人以手造物的过程。借助大数据的优势，魔屏尽可能地覆盖了这些手工艺项目，动静结合，反映出浙江百工技艺的丰富多样和传承人的独特匠心。

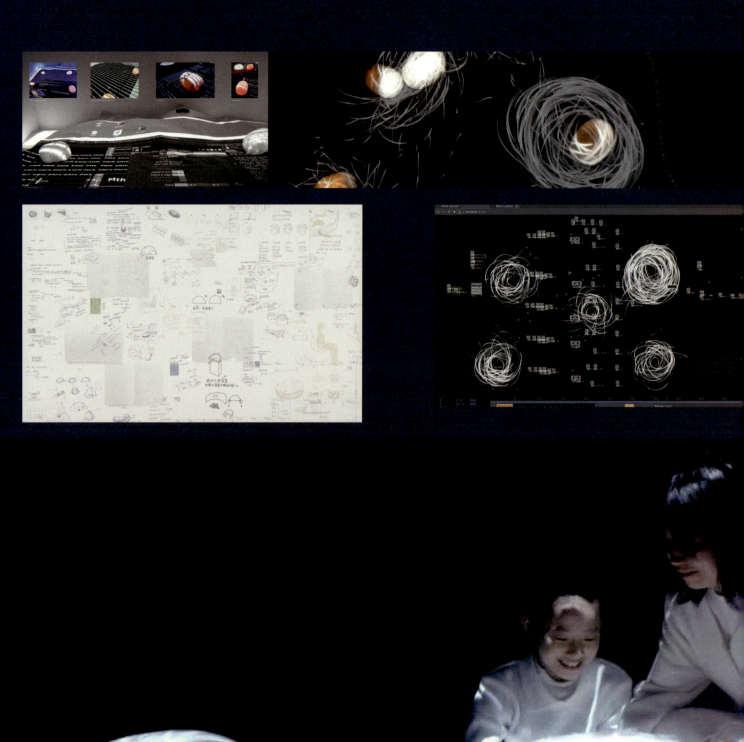

"绵连"交互空间

　　在中国的传统中,爱往往是含蓄的,不在言语中表达,而是在日常的一举一动中体现。丝绵,作为一种文化符号,不仅代表着温暖,更是家庭情感的寄托。余杭一带至今传承着的清水丝绵技艺,不仅是技艺的世代相传,更承载着家人间的情感羁绊。

　　"绵连"交互空间以丝绵为载体,将家庭中抽象的爱进行可视化视觉转译,传达的是"连接"的意义。场景中放置的五个"蚕茧"装置,可以通过色温变化和呼吸节奏,回应体验者的抱起动作。随着"蚕茧"移动的还有流动的"虚拟丝绵"投影,让参与者体会生命的脉动与情感的传递。

专题展厅

创法则思入豪芒，心连广宇，外现巧思妙技，内蕴锦绣华章；功成时光耀门庭，意韵峥嵘，小技窥得大道，方寸暗藏乾坤；硕果结春华秋实，流派纷呈，登入大雅之堂，臻于造极化境。

物兮浩浩，技兮繁繁，先行者踔厉风发，后来者沐承教泽。匠心熠熠，工巧铮铮，盛世传百年薪火，非遗技源远流长。

匠心赋

浙江大地，七山一水……西时群峰……

携天地造化，聚十一地市；蕴四时迭代，洗……

江横贯。关山难越，江河行地，不坠奋进之

志；人地紧张，资源贫缺，内蕴千工之妙。

匠心之所成，隐于乡野，安贫勤朴，以技为

本，以心为魂；居于陋室，痴心皓首，上下求

索，动心忍性。学艺如逆水行舟，担山过路，

少年苦行朝夕，初心坚守始终；

233

知者创物——传统工艺专题展

理念与布局

策展思路

基本陈列厅是省非遗馆的基石，总括浙江省非遗之貌；专题厅则需要做精、做专。如何体现"非物质性"，是专题厅首先面对的难题。最后，在安来顺老师的启发下，在和陆光正先生的沟通中，省非遗馆逐渐找到了路径。

1. 内在解读

展陈的目的是追索隐藏在有形背后的"无形存在"，延展传统工艺的内在侧面（材料、工具、技法、流程），挖掘非遗的智慧点和唯一性。传统工艺依赖自然地理环境与材料，必然会体现鲜明的民族性与地方特色。这些工艺品是江南生活美学的物化表现，反映了浙江人民的审美取向与精神信仰。天时地利的材料、炉火纯青的技艺和传承创新的坚守，共同创造出了精美的工艺品。这方寸之间的工艺品蕴含了万千世界。

2. 对话心流

聚焦文化主体，加强"传承人"与"观众"的心流体验，融入口述、对话等情感化表达方式，让观众在专注忘我中见大师的一生坚守，在大师的言传身教中见浙江的工匠精神。展览以"美""材""艺""人"四个关键字切入，让观众感受传统工艺作品的美，认识使用的材料，了解不同的技艺技法，最后，通过与手艺人的"对话"将人与人联系起来，引发共鸣。

3. 有序传承

　　非遗是"活着的遗产"。传统工艺经历世代承继和历史演变，是民族独特的文化基因，是中华传统审美的赓续，是"真善美"中国故事的具体承载。建立非遗的活态语境，可让观众由物见艺，由手及心，唤醒历史感，增强认同感。

设计理念

浙江被誉为"百工之乡"。至 2023 年 8 月，浙江拥有 79 项国家级、385 项省级传统技艺类与传统美术类非遗项目，包括雕刻工艺、陶瓷工艺、织绣工艺、金属工艺等，是名副其实的传统手工艺大省。传统工艺厅面积共 1597m²，定位于展示浙江百工特色。在空间有限的情况下，如何展现浙江丰富而多样手工艺项目，彰显浙江作品之精美、工艺之精湛，同时，又能让观众对浙江各传统手工艺有深入的了解和认识？

经过深入思考和讨论，省非遗馆最终确定以国家级非遗代表性项目名录的十大门类为底层逻辑，整合浙江手工艺的四大主题，在空间布局上分设精品区、换展区与对话空间，实现全省传统手工艺的"美美与共"。其中，精品区集中展示浙江省传统技艺类与传统美术类非遗项目中匠心独具、精美绝伦的工艺作品，展现"百工"概念，以欣赏、品鉴为主；换展区则预设四期内容，以一年为周期，定期换展，更换主题内容与相应展品，实现"活态"展览理念，常换常新。

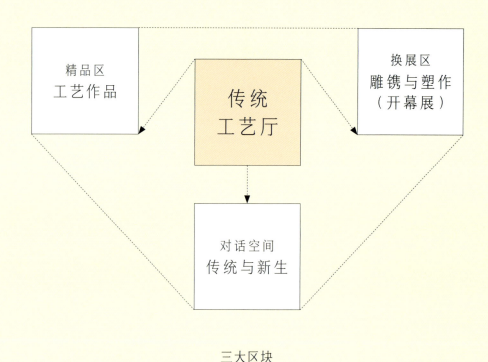

三大区块

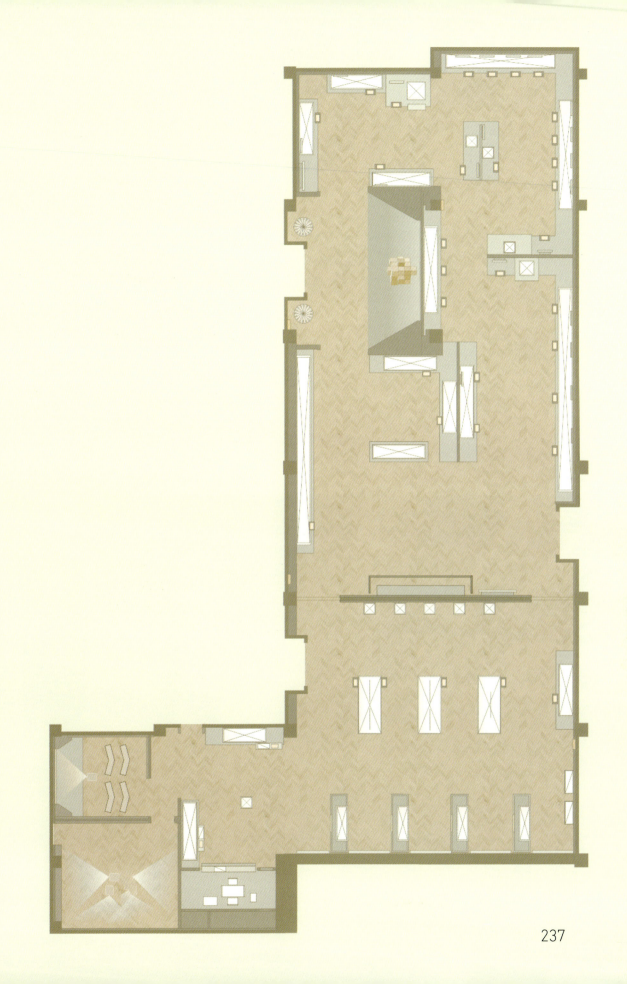

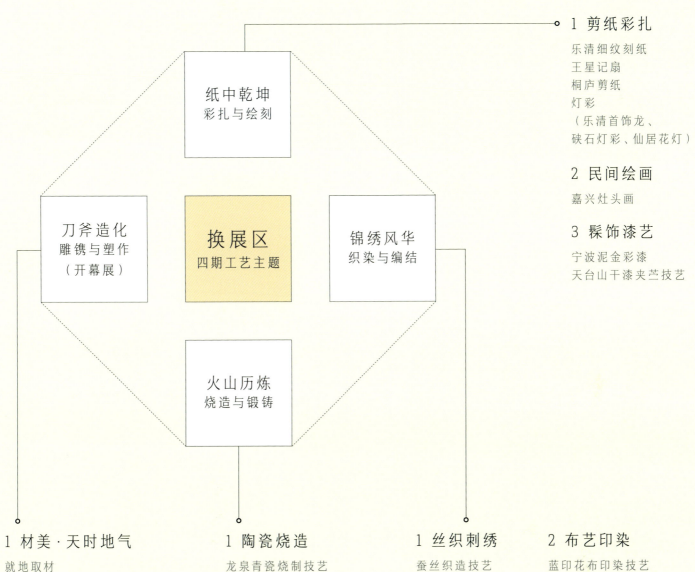

纸中乾坤
彩扎与绘刻

刀斧造化
雕镌与塑作
（开幕展）

换展区
四期工艺主题

锦绣风华
织染与编结

火山历炼
烧造与锻铸

1 剪纸彩扎

乐清细纹刻纸
王星记扇
桐庐剪纸
灯彩
（乐清首饰龙、
硖石灯彩、仙居花灯）

2 民间绘画

嘉兴灶头画

3 髹饰漆艺

宁波泥金彩漆
天台山干漆夹苎技艺

1 材美·天时地气

就地取材
因材施艺

2 艺精·巧夺天工

精雕细刻
指尖艺塑

3 人勤·守正创新

1 陶瓷烧造

龙泉青瓷烧制技艺
越窑青瓷烧制技艺
婺州窑陶瓷烧制技艺

2 金属锻铸

铜雕技艺
锡雕
龙泉宝剑锻制技艺
张小泉剪刀锻制技艺

1 丝织刺绣

蚕丝织造技艺
宁波金银彩绣
瓯绣
台州刺绣
杭州刺绣
温州发绣

2 布艺印染

蓝印花布印染技艺
振兴祥中式服装制作技艺
余姚土布制作技艺

3 草木编织

嵊州竹编
东阳竹编

换展区四期工艺主题计划

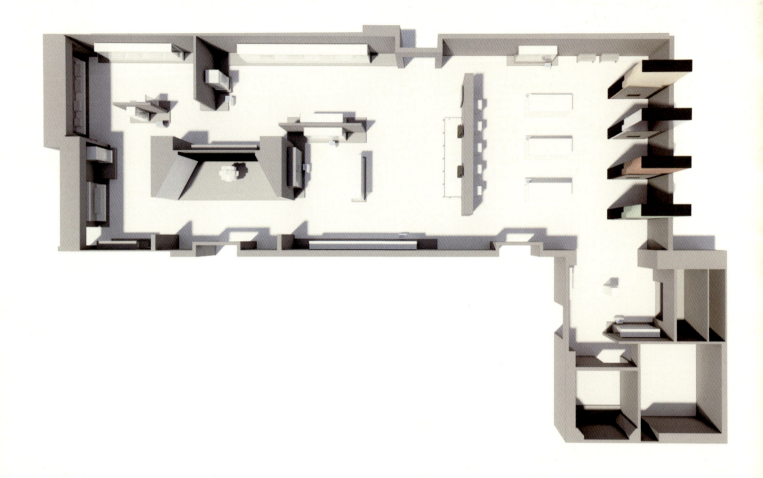

空间布局

　　传统工艺厅的空间设计灵感源自卢浮宫新馆的现代美学，旨在营造一个明亮、通透且充满艺术气息的环境。宽敞的展览空间以浅灰为主调，搭配简洁的线条和柔和的灯光，营造出一种宁静而专注的氛围。自然光线透过高挑的玻璃幕墙洒落，与精心设计的室内照明相得益彰，使得每一件非遗作品都能在最佳状态下得到呈现。空间布局流畅自由，观众可以自然地在各个展区和主题间穿行，每一步都能感受到作品与空间的和谐共存，让人在欣赏艺术的同时，也能有轻松愉悦的体验。

241

重点展项

鲁班锁

　　在传统工艺厅的序厅，省非遗馆精心策划了一个文化符号——鲁班锁艺术装置，它不仅是序厅的主题，更是手工艺智慧的象征。这个展项巧妙地融合了多种材质与肌理，如同浙江非遗项目的多彩画卷，展现了地域文化的丰富多样。装置巧妙地悬于空中，下方以一把精致的传统刀具支撑，不仅彰显工艺的精细与严谨，也隐喻工匠们对技艺的不断琢磨与完善。装置背后，一篇《匠心赋》以文字的力量赞颂浙江非遗的深厚底蕴。这组装置不仅是对非遗工艺的致敬，更是对工匠精神的传承与颂扬，它将文字、器物与工艺的传承融为一体，共同彰显了百工百艺的辉煌成就。

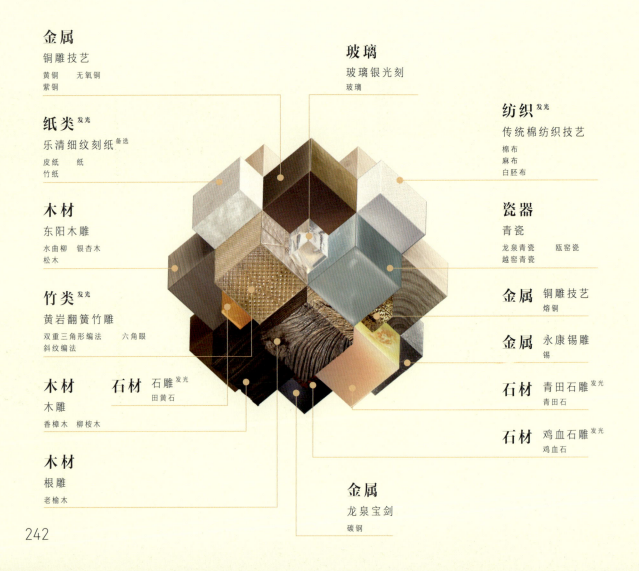

金属
铜雕技艺
黄铜　　无氧铜
紫铜

纸类 发光
乐清细纹刻纸 备选
皮纸　　纸
竹纸

木材
东阳木雕
水曲柳　　银杏木
松木

竹类 发光
黄岩翻簧竹雕
双重三角形编法　　六角眼
斜纹编法

木材　　**石材**　石雕 发光
木雕　　　　　　田黄石
香樟木　柳桉木

木材
根雕
老榆木

玻璃
玻璃银光刻
玻璃

纺织 发光
传统棉纺织技艺
棉布
麻布
白胚布

瓷器
青瓷
龙泉青瓷　　瓯窑瓷
越窑青瓷

金属　铜雕技艺
熔铜

金属　永康锡雕
锡

石材　青田石雕 发光
青田石

石材　鸡血石雕 发光
鸡血石

金属
龙泉宝剑
碳钢

242

序厅本来做了很多方案，但都很难破题。我后来想到鲁班锁，我认为鲁班锁是中国古代智慧的结晶，能够抽象出来，用各种浙江非遗的材料进行组合。在具象当中又有抽象，可以代表浙江工匠的智慧。

—— 杭州正野装饰设计有限公司徐征野

百年芳华

在浙江这片富饶的土地上，非物质文化遗产如同璀璨的明珠，历经岁月洗礼，依然闪耀着独特的光芒。省非遗馆选择了四项具有代表性的非遗项目，在空间内层高最高的区域，打造传承区"百年芳华"。这里不仅承载着深厚的文化底蕴，更是匠心精神传承与创新的典范。这些非遗项目的传承与创新，不仅让技艺历久弥新，更是对匠心精神的最好诠释。这样的传承，不仅是技艺的延续，更是对文化情怀与敬畏之心的薪火相传。

四世相传，花开满枝——乐清黄杨木雕，王氏家族的四代传承见证了木雕艺术的精湛与生命力。王凤祚老先生参与重塑灵隐大佛，不仅解决了视觉比例的难题，更将黄杨木雕的技艺推向了新的高度。如今，家族成员们继续在木雕世界里耕耘，将这份艺术的情怀与敬畏代代相传。

腰佩龙泉，五代剑道——龙泉宝剑锻制技艺，沈家五代的坚守铸就了"大国文化"的重剑。自清光绪二十年（1894）起，130年的工艺传承，不仅锻造出了锋利的剑身，更锻造出了一代代匠人的坚韧与执着。这把剑，不仅是武器，更是文化的传承，精神的象征。

铜艺巅峰，五代华彩——朱氏家族传承铜雕技艺百年，继承并发扬了祖辈的铜艺理念。在不断进行的工艺创新与技法精进中，朱府铜艺的作品成为国礼，展现了铜艺的现代魅力。这份对工艺的尊重与创新，使得朱府铜艺在艺术领域焕发出新的光彩。

瓷艺人生，七代守艺——龙泉青瓷，张氏家族七代坚守，从1918年至今，不断试验与改进釉料配方，不仅恢复了官窑青瓷的烧制技艺，更将这份千年的工艺传承至今。青瓷温润如玉，不仅是器物，更是历史的见证，是文化的传承。

倪东方工作台

　　在青田石雕展区，省非遗馆抽象复原了倪东方老先生的石雕工作坊空间。那张陪伴老先生几十年的雕刻桌上，放着他生前珍视的一整套石雕工具。这座充满岁月感的工坊，好似凝固了时光，观众仿佛还能看见那个不舍日夜、一刀一刀雕刻的身影。背景墙上有一段老先生对青田石雕的深情告白："我有两个母亲。一个母亲是生我者；还有一个母亲就是封门山，赐予我五彩宝石，是青田石雕人的母亲。"这不仅表达了老先生对青田石雕的深厚情感，也将这位已故的非遗领军人物对艺术的热爱与执着，以及对传承的尊重与感激，永久地镌刻在这片艺术的圣地。这不仅是对倪东方老先生的纪念和缅怀，更是对所有为青田石雕艺术奉献一生的匠人的致敬。在这里，我们不仅展示了石雕的技艺，更传递了一种精神——对传统文化的坚守与传承，对匠心精神的尊重与颂扬。

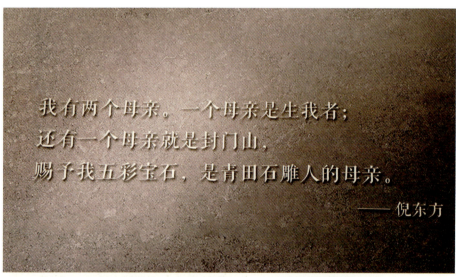

借助媒体展现"人"与"过程"

　　在冯骥才先生看来，非物质文化是"来自活人的经验和记忆，只能通过口传心授和言传身教来传承，与群众生活密切相关，是人类的美好情感与生活方式的集合"。展览的理念就是无形的、活态的、在地的。活态的非遗最重要的内容包括两部分：一是传承人头脑中的记忆，二是传承人手上或身上的技艺。见人见物见精神，"人"与"过程"才是非物质文化遗产的真正内核。为此，传统工艺厅设置了多处媒体展项。

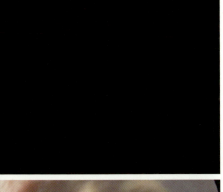
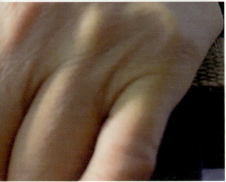

1."第一现场"

这是精心打造的工艺流程展示区。它以全方位的视角深入剖析每一项非遗技艺的核心。从精选的材料到精湛的技法，从独特的造型装饰到实用的功能，展览细致入微地解读了工艺的每一步。三面环绕的沉浸式展示，将观众带入立体的工艺世界。强烈的临场感和氛围感让人仿佛置身于工坊，目睹每件作品的诞生过程。这种创新的展示手法不仅让观众对非遗技艺有了更加直观的理解，也提高了他们对这些传统工艺美学和技艺价值的认识与欣赏水平。

2."师说心语"

为了深入探索传承人的内心世界，省非遗馆在这里特别策划了"师说心语"系列，精心挑选了十位非遗传承人作为访谈对象，记录下了他们对自己所从事的非遗项目的深刻感悟和真挚表达。这些珍贵的一手资料，不仅让观众得以一窥大师们的精神世界，更是将他们对非遗艺术的热爱、对传统文化的坚守以及对工艺创新的探索娓娓道来。每一段访谈都是一次心灵的对话，让观众仿佛亲临其境，得以感受那些展品背后的创作故事，体会非遗与日常生活的紧密联系以及它所蕴含的无限可能。希望通过这种方式，展示非遗的外在美，激发观众对非遗文化的深层次思考和认识，从而更加珍视和传承这些宝贵的文化遗产。

3.定制查询

为了深刻展现每位传承人的故事，展览为省非遗馆中的每一位传承人及其代表的非遗项目量身定制了互动查询机。这些查询机不仅提供了丰富的视频资料，还精心收录了传承人的代表作品，让观众能够直观地感受到非遗技艺背后的人文智慧和文化传承脉络。每一段视频、每一件作品，都是对传承人生活哲学和艺术追求的真实记录，都展现了非遗技艺随着时间流转而不断演变的生动历程。通过这些查询机，省非遗馆希望观众能够更加深入地理解非遗的内涵，感受那些默默坚守在传统艺术道路上的传承人的精神风貌。

姹紫嫣红开遍——传统戏剧专题展

理念与布局

策展思路

舞台小天地、人生大舞台。传统戏剧集文学、音乐、舞蹈、杂技、表演、美术等多种艺术于一身，是浓缩的生活，是老百姓精神文化的一种体现，反映了人民群众的喜怒哀乐、审美情趣和价值取向。从非遗资源看，浙江拥有24项国家级、59项省级传统戏剧类项目。从中国戏剧发展历程看，浙江是"南戏"的诞生地，是中国戏剧的发祥地之一，有"一部戏曲史，半部在浙江"之说。浙江是"百戏之祖"昆曲在历史上的重要流传地和现代复兴地，昆曲《十五贯》号称"一出戏救活一个剧种"。浙江也是越剧的诞生地，越剧作为后起之秀，百余年间迅速成长为"中国第二大剧种"。

传统戏剧厅面积1107m²，以浙江戏剧为核心，结合建筑空间将展览分为"历史""剧种""台前幕后"三大块，让观众从中了解浙江戏剧剧种的流传演变、声腔发展脉络，认识浙江戏剧的多样面貌，看见传统戏台，听到戏剧名家故事，了解戏剧服装、化妆、道具之美。

设计理念

展览设计围绕"专题性""非物质""沉浸式"三个关键词。首先，展览设计紧扣"专题厅"的定位，实现做专、做深的目标，即透过浙江传统戏剧看浙江特色和浙江精神，在概览全貌的同时，也要深度解读浙江代表剧种，突出个性。其次，展览设计强调构建戏剧的非遗表达体系，突出"非物质性"：挖掘戏剧文化，重新认识戏剧在民族文化传承中的重要意义；传播戏剧精神，从戏剧故事中感受戏剧人的精神力量。最后，在展厅中搭建展示和演绎的融合空间，让观众从感官体验上"更沉浸"。通过常态化的现场展演与各种互动，让观众感受戏中百态。

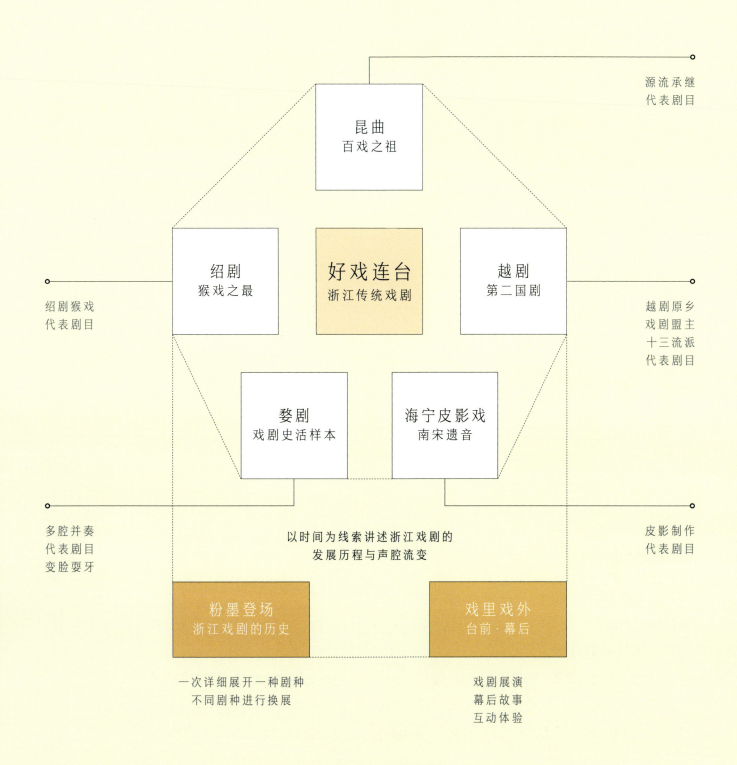

昆曲
百戏之祖

源流承继
代表剧目

绍剧
猴戏之最

好戏连台
浙江传统戏剧

越剧
第二国剧

绍剧猴戏
代表剧目

越剧原乡
戏剧盟主
十三流派
代表剧目

婺剧
戏剧史活样本

海宁皮影戏
南宋遗音

多腔并奏
代表剧目
变脸耍牙

皮影制作
代表剧目

以时间为线索讲述浙江戏剧的
发展历程与声腔流变

粉墨登场
浙江戏剧的历史

戏里戏外
台前·幕后

一次详细展开一种剧种
不同剧种进行换展

戏剧展演
幕后故事
互动体验

"浙"里寻音　戏有百态

空间布局

空间设计上，采用戏剧元素与色调打造"姹紫嫣红开遍"的空间氛围，契合展厅主题。空间由两部分组成，一是传统戏台戏剧观赏空间，二是连接传统工艺厅与传统表演艺术厅的公共空间。展厅被划分为展区、体验区、休闲区，置入展览展示、传承体验、教育普及、文化交流等展项内容，使空间成为集多项功能于一体的传统戏剧展厅。

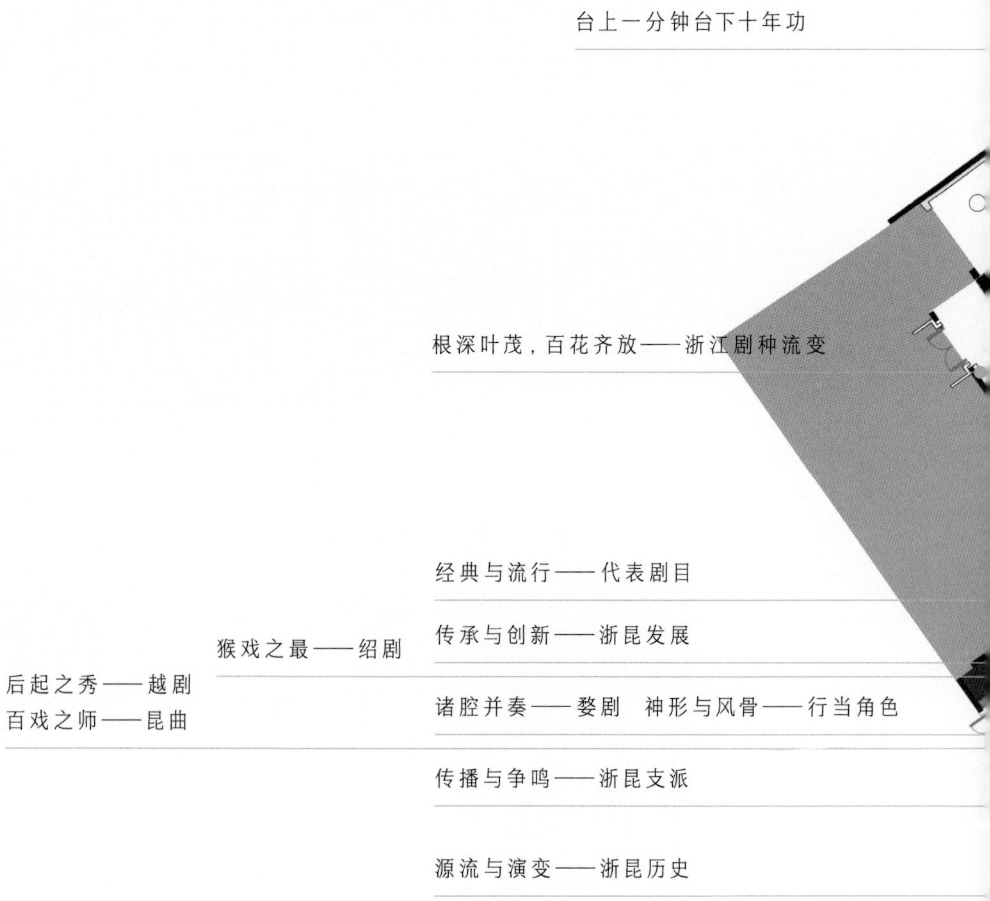

台上一分钟台下十年功

根深叶茂，百花齐放——浙江剧种流变

经典与流行——代表剧目

猴戏之最——绍剧　　传承与创新——浙昆发展

后起之秀——越剧
百戏之师——昆曲　　诸腔并奏——婺剧　神形与风骨——行当角色

传播与争鸣——浙昆支派

源流与演变——浙昆历史

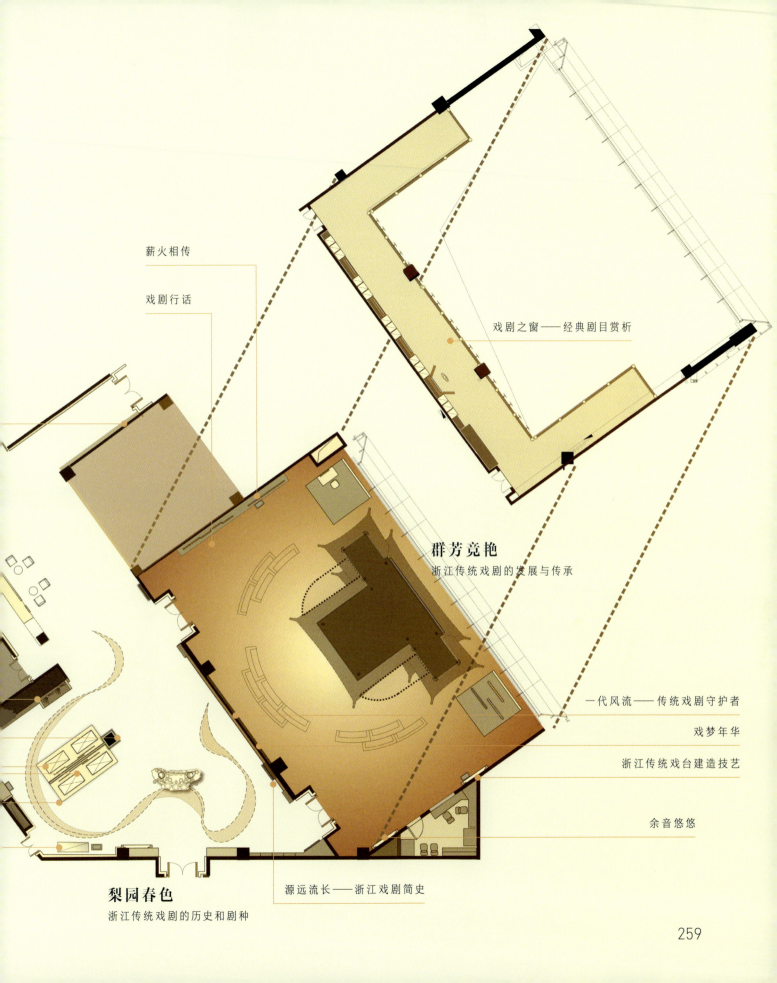

薪火相传

戏剧行话

戏剧之窗——经典剧目赏析

群芳竞艳
浙江传统戏剧的发展与传承

一代风流——传统戏剧守护者

戏梦年华

浙江传统戏台建造技艺

余音悠悠

梨园春色
浙江传统戏剧的历史和剧种

源远流长——浙江戏剧简史

盔头艺术装置设计稿

（单位：毫米）

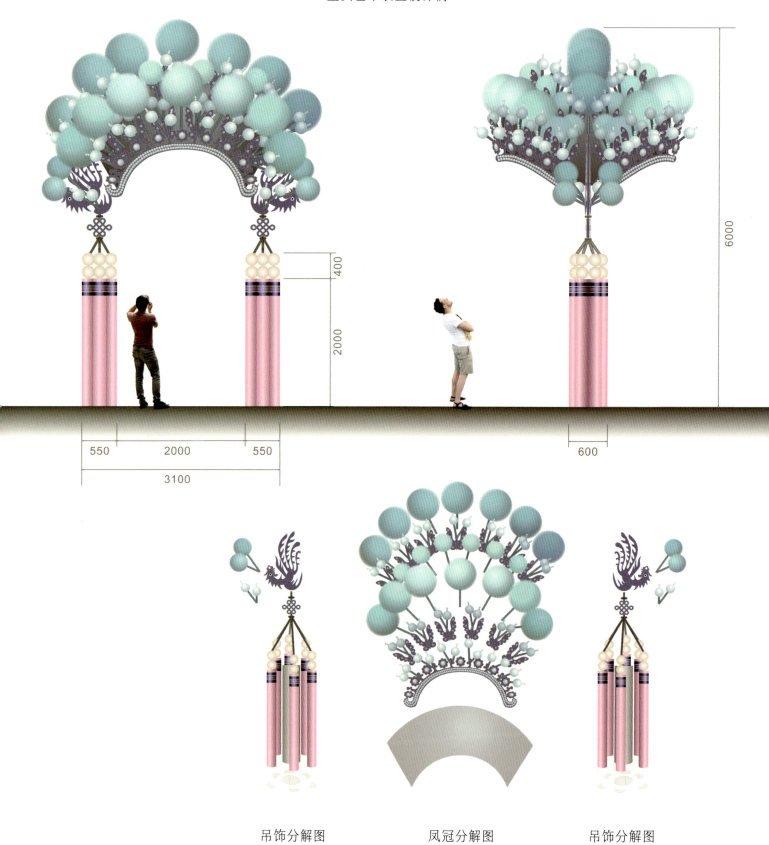

吊饰分解图   凤冠分解图   吊饰分解图

重点展项

盔头顶立，一秒入戏

踏入传统戏剧厅之前，就能看到一个巨型盔头顶立于展厅入口，让人一下子就转换到了戏剧频道。不同剧种、不同角色的盔头、服饰不同，那这个艺术造型到底该以哪种盔头为原型？经过多次讨论、多方求证，最终，省非遗馆确定以浙江代表戏剧之一婺剧中经典形象穆桂英的盔头为原型，进行艺术化处理。远看，该盔头与展厅顶部似翩翩水袖的飘带装置联动，共同营造浙江传统戏剧华丽大气又风情浪漫的空间氛围，成为观众拍照打卡的地点之一。除了保证美观，盔头艺术展项所处的空间也对其材质提出要求，因此，盔头整体采用金属材质制作，在符合消防规范的同时，更易防尘、便于清理。

互动滑屏：浙江戏剧史

　　浙江著名戏剧评论家戴不凡先生曾说：一部中国戏剧史，半部在浙江。面对繁杂的细节内容，如何利用有限的空间和版面来展示？一方面，省非遗馆梳理提炼出浙江戏剧时间轴的八大阶段和二十四个重要事件，全面概括浙江戏剧发展历史；另一方面，省非遗馆借助多媒体技术，结合图版信息进行内容拓展，观众可以移动滑轨屏触发视频播放，从而了解更多浙江戏剧发展过程的具体内容。这一展项兼顾静态展示与动态演绎，既能给观众上好戏剧入门的第一课，也能满足观众对视觉、听觉多感官体验的需求，成为本厅的热门展项。

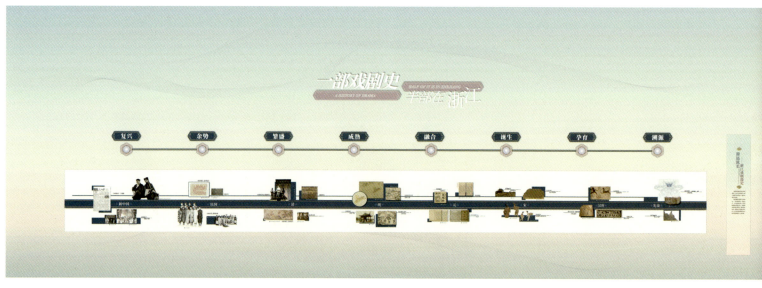

好戏连台——浙江四大代表剧种

如何直接突出浙江戏剧特色？昆曲、越剧、婺剧、绍剧四大代表剧种是浙江戏剧的"名片"，它们的组合式展柜是独一无二的表现窗口。展厅中央展柜顶部灯箱将不同剧种的经典剧照进行复原并放大，下方四面柜中展出每个剧种代表剧目的"角儿"的服饰。"角儿"们各有来头，都是国家级或者省级非遗代表性传承人。这些留有时光痕迹的戏剧服饰，是浙江传统戏剧发展、繁盛的最好见证。

台前幕后——浙江传统戏台和化妆换装

在省非遗馆东侧外部，就能打卡这一视觉地标——传统戏台，这里的夜景尤为惊艳。传统戏台的藻井是"鸡笼顶"藻井，层层螺旋而上，中央由含珠蟠龙收顶。演员在舞台上吟唱，藻井会形成共鸣，起到扩音的作用，余音绕梁。同时，藻井还有着避火消灾的喻义。

传统戏台的两侧作为"幕后"展示空间，展示演员化妆、换装等上台表演前的准备程序。有剧目演出时，这里就是演员化妆和换装的区域，开放式地展现给观众，让观众了解表演前的幕后准备工作。无演出时也能进行盔头、头饰、戏服等展示。

当时我们想建一座传统戏台。有人说在馆里建一座传统戏台，建起来也是假的，还不如从外面搬一座。但搬一座传统戏台，我们就是在搞破坏，而不是在做保护，是反向而行了。作为非遗馆，我们要展示的是传统建筑的营造技艺，而不是一件文物。

——浙江省非物质文化遗产保护中心副主任、

浙江省非物质文化遗产馆副馆长祝汉明

　　我被问最多的一个问题是，为什么造戏台的都是老师傅？因为这个戏台全部采用传统技艺制作，全程跟踪拍摄，所以必须要经验非常丰富的老师傅纯手工完成。这也反映出一个现状，就是古建营造后继乏人。我说平均65岁，实际上不夸张，70多岁的老师傅在第一线工作的大有人在，因为实在是找不到年轻的师傅。

——传统戏台建造手艺人许立峰

特色空间

临展厅

    作为常态展示的重要补充，临展是带动展馆热度、活跃度以及流量的关键，也是盘活本省非遗资源、扩大省非遗馆影响力、实现非遗馆传播教育功能的重要举措。省非遗馆内规划的周期性展览更新区域，主要有第三层的传统工艺厅和负一层的临展厅。前者围绕浙江传统技艺类与传统美术类项目，每年推出一个传统工艺主题展。后者是临展的主体，总面积 975m²，空间上可根据需求合并或分隔使用，采取"动态性·流动型"的展览动态运营体系，推行如交流展、地方联展、传承人系列展、非遗十大门类专题展等兼顾多方主体需求的展览计划。开馆至今，临展厅已举办"为有暗香来——宋韵文化节非遗展示展演""回家过'龘'年——浙江非遗年俗展""盛世江南——传统工艺创新作品展"等展览，未来还将举办更多的临时展览与展演活动，希望以此加深民众对非遗项目的理解、关注度和参与度，带动非遗相关跨领域的创新融合，推动非遗保护传承工作在新时代的创新发展。

为有暗香来——宋韵文化节非遗展示展演

　　2023 年 11 月 29 日至 12 月 3 日，"为有暗香来——宋韵文化节非遗展示展演"在临展厅举办。活动以"宋韵里的非遗"为表现对象，分"茶香满瓦肆""墨香润书房""花香遍琴室""沉香盈窄袖"4 个板块，展示展演了竹纸制作技艺、杭州雕版印刷技艺、海宁皮影戏、传统制香等 23 项与宋文化相关的非遗项目。活动将静态陈设与活态展演结合，以香的嗅觉体验为线索，用茶香、墨香、花香、沉香营造出 4 个不同香味的沉浸式空间，点缀以与非遗项目相关的宋画、宋词，以带领观众进入简洁素雅的宋式美学氛围，让宋韵不仅看得到，也能尝得到、听得到、闻得到。

浙派古琴

回家过"龘"年——浙江非遗年俗展

　　2024年2月2日至3月10日，"回家过'龘'年——浙江非遗年俗展"在临展厅举办。展览以象征祥瑞的"龙"作为展览线索，以从小年到元宵的过年习俗为主体内容，甄选浙江各地与春节密切相关、极具地方特色的非遗项目和展品，打造一场年味十足的非遗主题展览。展览期间，临展厅内特设炼火互动体验、剪纸装置打卡、集"祥"罐等互动展项，并配套乐清传统美食体验、乐清传统戏剧展演等专场活动，为观众打造可观赏、可游乐、可品味的参观体验。

非遗传承体验中心
与展示教育拓展室

　　围绕非遗传习，省非遗馆设有非遗传承体验中心和展示教育拓展室两处空间。非遗传承体验中心位于地下一层，面积 2067m²，提供常态式体验；展示教育拓展室位于第四层，总面积 236m²，以配合馆内临、特展或开展主题式社教活动为主，定期开展活动。虽然运营模式不同，但都旨在让青少年感受传统文化魅力，在动手、动脑的快乐体验中，促进他们对传统文化认知、认同的养成，尝试通过当代青少年喜爱的方式触达年轻群体，探索非遗活化的可能性，呈现非遗的精彩活力。

非遗传承体验中心

　　非遗传承体验中心主要面向青少年群体，研发分众化的展演与参与项目，并配备相应的空间与设施设备，结合适宜转化的非遗项目，开设"非遗公开课""过一个中国节""和爸爸一起逛集市""了不起的传承人""爱上手工艺""365个故事"等课程，让更多青少年感受传统文化魅力，培育他们对中华传统文化的认知、认同。空间上，采用模块化的组合家具以满足不同课程的需求。

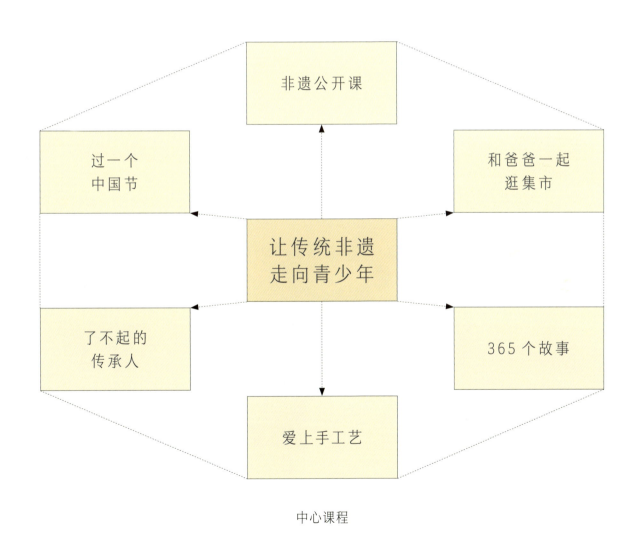

中心课程

展示教育拓展室

开发与展览配套的教育项目，向观众普及相关的非遗知识和文化，既能丰富非遗的体验方式，又能帮助非遗"破圈"。开馆以来，省非遗馆开发"非遗薪火计划"社教品牌，以 2024 年甲辰龙年春节为契机，紧密结合"回家过'龘'年——浙江非遗年俗展"，特别策划一系列青少年拓展传习活动。

以传承 致未来

非遗薪火研学课程邀你来

"绘群龙，过'龘'年"拓展传习活动

于2024年甲辰龙年春节举办"绘群龙，过'龘'年"活动。活动成果以"大大的非遗小小的展"为主题在展示教育拓展室的公廊展出，并将现场活动过程以"到非遗馆过'龘'年"主题在官微视频号发布。同时，开办春节传统习俗系列知识小课堂，开展临展讲解。

众志成龙：大手小手合力打造浦江板凳龙

2024年2月2日至3日，举办"大手小手，众志成龙——来省非遗馆动手打造一条中国龙"活动，邀请浦江板凳龙省级传承人洪淮雨先生现场为青少年讲解浦江板凳龙的制作技艺，并于2月18日至23日期间，分期向社会招募超150位青少年及家长，共同参与打造第一条诞生于省非遗馆的中国龙。成果将以大型艺术装置的形式陈列于公廊区域。

开设乐清非遗公益体验课程

　　年俗展期间，与乐清专场联动，分别开设"美丽非遗、米塑体验"乐清米塑和"以刀为笔、纸上作画"乐清细纹刻纸等公益体验课程，邀请非遗代表性传承人现场授课。通过现场知识拓展、亲身体验和参与制作，广大青少年深刻感受到了非遗的魅力，增进了对非遗的了解，树立了非遗保护和传承的意识。

传统表演艺术厅

　　传统表演艺术厅位于第三层，实际利用了三、四层建筑形成通高空间，总面积约 1160m²，是一处可容纳 198 人观影的专业剧场，满足游艺、体育、民俗、戏剧等大型非遗项目的展演需求。其中，剧场面积约为 720m²，包括 180m² 的舞台区和 540m² 的观众区，属于小型规模。因此，更多地在布局上强调多功能，可变观众席是本剧场最大的亮点。此外，剧场还配备了舞台机械、灯光、音响设备、视频设备等专业设备，以同时满足舞台表演和观众区域的沉浸式互动效果。

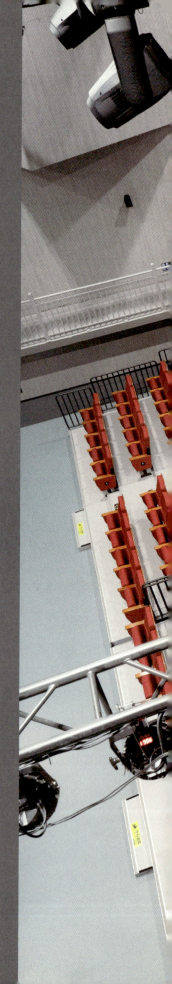

可变的舞台空间

　　舞台的台口宽 12m，高 6.5m。主舞台纵向净深 8.8m，宽 21.8m，无侧舞台。上空采用双层栅顶，栅顶底面距舞台面 15.4m；一层天桥标高 24.1m，二层天桥标高 28m，三层天桥标高 31.9m，舞台面标高 17.2m。观众区域设置可根据演出需求进行调整变换。观众席总体设 208 个座位，包括悬浮看台座位 148 个、活动座椅 60 个。该区域设置了多点位灯杆变换装置、能与整个观众区域互动的廊桥表演通道、可变气垫悬浮看台（含可翻式座椅）、活动舞台。针对 T 台综艺演出、走秀时的整体铺光，在活动舞台两侧增加了电动升降侧光杆和专业演艺灯光（包括光束图案灯、LED 染色灯等）。

配置专业舞台系统

舞台机械系统：按照现有舞台区域的平面尺寸，在台口至天幕之间穿插设置了前沿幕、大幕、升降投影幕、升降灯杆、升降景杆、背景二道幕。

灯光系统：系统由新一代高速网络设备与智能数字调光控制台组合而成，可根据不同的演艺需求设置多种演艺场景效果。灯具在舞台与观众席上方全方位立体分布，可灵活选择或组合光位进行立体的照明和造型。

扩声系统：严格遵守 GB/T50371-2006《厅堂扩声系统设计标准》。舞台区域音响配置左右主扩扬声器、中央声道扬声器、左右声像扬声器、超低扬声器、台唇补声扬声器、流动固定返听扬声器、环绕效果扬声器。

视频系统：视频包含 P1.5 全彩 LED 八字屏，尺寸为 3.2m×1.92m。

举办专业展演与专场活动

自 2023 年 8 月开馆以来，省非遗馆在传统表演艺术厅成功举办了 2023 浙江省"非遗薪传"传统体育展演展评活动颁奖典礼、2023"蜀风宋韵"非遗交流活动闭幕式、"非遗有我"2023 浙江省非遗讲解员评选活动决赛、"为有暗香来——宋韵文化节非遗展示展演"、国乐雅音非遗传承音乐会、2023"浙江好腔调"传统戏剧展演系列活动、2024 年第二届浙派古琴打谱会等多场活动。

"为有暗香来——宋韵文化节非遗展示展演"——2023 年 11 月 29 日至 12 月 3 日，配合"为有暗香来——2023 宋韵文化节"，传统表演艺术厅举办相关非遗展示展演活动，包括青瓷瓯乐《汲露》、古琴与吟诵《咏梅》、木偶戏《钟馗醉酒》、国风演奏《宋·觅》、宋韵服饰走秀等。

　　2023"浙江好腔调"传统戏剧展演系列活动——2023 年 12 月 15 日"浙江好腔调"传统戏剧展演系列活动期间，传统表演艺术厅举办"绝技绝活专场"，展示了翎子功、耍牙、喷火等 19 种省内各剧种的精彩绝技，并且同步通过腾讯直播、Z 视介、浙江文旅视频号、省非遗馆视频号、浙江非遗视频号等平台线上直播，观看量达 197.1 万人次。

非遗数字和文献中心

　　为了适应数字时代非遗系统性保护的战略发展需要，为加强对浙江非遗文献成果的收集、整理、保存和展示，推动非遗文献资源管理、非遗数字化保护和信息服务的一体化建设，省非遗馆非遗数字和文献中心基于浙江全省的非遗资源和在全省实施的非遗保护传承工作，既通过文献资源系统来呈现浙江非遗资源本体，全面展现浙江非遗保护工作的成果，又基于展馆的实体空间，探索数字化业务流程再造下的非遗数字化保护、展示、体验与传播，实现数字"无界"和非遗"联通"的有机统一，有效推动中华优秀传统文化创造性转化、创新性发展。

　　非遗数字和文献中心，总面积 1616m^2，主要包含非遗文献储存和查询阅览室、非遗数据驾驶舱、"非遗直播间"、非遗微影院、浙江非遗保护成果展示墙、浙江国家级非遗代表性传承人照片墙和影音视听屋等 7 大板块。非遗数字和文献中心尤为注重数字赋能。众所周知，非物质文化遗产虽然也有物质载体，但更重要的是其产生的过程以及这一过程所体现的精神与文化内涵，过程的无形，使得数字媒介成为非遗记录、保存、研究、展示、传承的重要手段。浙江非遗资源总量庞大、类型丰富，且在持续增加中，然而省非遗馆实体空间毕竟有限。充分利用数字化思维、理念和技术为有限的空间赋能势在必行。数字赋能非遗数字和文献中心将有助于展馆实现"以有限展无限"的设计初衷。

四万字 一个字也不一样的

非遗数据驾驶舱：让非遗保护更高效、监管更智慧

非遗数据驾驶舱将散落在全省的非遗数字资源进行汇总、清洗、整合、入库和服务开发，形成规范标准的省级非遗大数据应用中台，形成了非遗空间一张图、非遗健康三色图、非遗保护数据档案标准、非遗项目健康指数、非遗传承人活力指数、非遗传播指数、非遗旅游指数、非遗教育指数、非遗经济指数、非遗场馆建设指数、工作管理指数等"两图一标准八指数"改革成果和"非遗保护发展指数体系""非遗保护三色监测预警体系""非遗保护工作监管体系"三大协同创新体系。并以省级非遗大数据应用中台为支撑，横向打通财政、公安、民政、工商、税务等 13 个厅局部门数据，纵向贯通省、市、县三级，汇总全省省级及以上非遗项目、保护单位、保护基地、非遗场馆、非遗工坊等非遗管理机构及相关社会非遗单位的基本信息和活动信息，全面盘活了异构化的非遗数据资源，使之成为推动非遗创新发展的新引擎。省级及以上非遗项目的

"健康数据"都显示在非遗数据驾驶舱屏幕上。基于数据中台的全省非遗数字驾驶舱，无疑为各市、县（区）的非遗数据汇总、应用和治理搭建起了一个强大的反应堆，而这个反应堆又能兼顾统一性与个性化，让非遗保护更高效，监管更智慧。

自上线以来，非遗数据驾驶舱共采集全省非遗数据 129.1 万条，实现对全省 996 项省级及以上非遗代表性项目的存续情况和 1441 名省级及以上非遗代表性传承人传承活力的实时监测预警和智能闭环治理。目前已有非遗项目和传承人等 8 个数据查询接口组件成功上架浙江省一体化数字资源系统 (IRS) 供市区县申请调用，避免重复建设。从系统投入运行使用至今，"非遗在线"数字应用累计发出非遗保护预警 185 次，在浙政钉发送短信息 341 次，处置信息上报反馈 787 次，有效地降低了浙江省非遗代表性项目的濒危风险，提高了浙江非遗系统化保护水平。

"非遗直播间"：一站式汇聚全省非遗直播资源

按照《浙江省文化基因激活工程实施方案》具体要求，省非遗馆充分利用短视频平台等新媒介新方式，让文化在游客的口耳相传中广泛传播。"非遗直播间"统筹全省非遗直播资源，建立省市县常态化直播工作机制，利用"非遗＋直播"，拓展非遗传播路径，着力提升浙江非遗创造力、传播影响力、宣传引导力，让"浙江非遗"品牌更响亮。"非遗直播间"既支持在省非遗馆线上平台直播，也支持第三方直播平台直播源插入。同时"非遗直播间"的直播大屏还可观看各个直播间实时直播画面，并可与非遗主播进行视频连线，带领观众与非遗传承人"零距离"互动。

"非遗直播间"以直播为途径，以非遗传承人的娴熟技艺和非遗珍品为内容，将二者有机融合。"非遗传承人＋直播"的新形式，在让传统文化火热"出圈"的同时，也吸引了更多非遗传承人入驻平台，"非遗直播间"吸引很多年轻人观看刷屏并前往"非遗 Go"下单选购心仪的非遗好物。多场景合力激活非遗消费新动能，拓展了"非遗＋"产业链条，推动非遗产业跨界融合，为非遗资源的社会共享和成果转化提供文化元素和创意灵感。

例如，在 2024 年春节期间，"非遗直播间"成功开展了"回家过'龘'年"年俗大直播活动，集中直播或回放浙江各地春节年俗，让广大观众欣赏各地的年俗活动，感受和分享过年的喜悦，为浙江各地"欢欢喜喜过大年"春节主题活动搭建线上线下的互动桥梁。截至 2 月 25 日，共直播各类年俗活动 29 场，为市民、游客献上了浙江各地精彩纷呈的非遗年俗文化盛宴，累计吸引6800 余人次观看。

非遗微影院：让你感受匠从何处来

非遗微影院可同时容纳 30 人观影，定时展播浙江非遗保护传承的影像类记录成果。在微影院里，观众还可以欣赏展示传统戏台、舟山"绿眉毛"、乐清首饰龙等传统技艺营造过程的影片。在这里，观众可回顾馆内展陈的传统戏台、舟山"绿眉毛"、乐清首饰龙等展品的"前世今生"。观众在看到传承人匠心匠技与更多幕后故事的同时，也能感受到匠从何处来。此外，影片让每一位观众与影片中的传承人之间形成文化共鸣，激发了观众保护传承非遗的信心和热心。

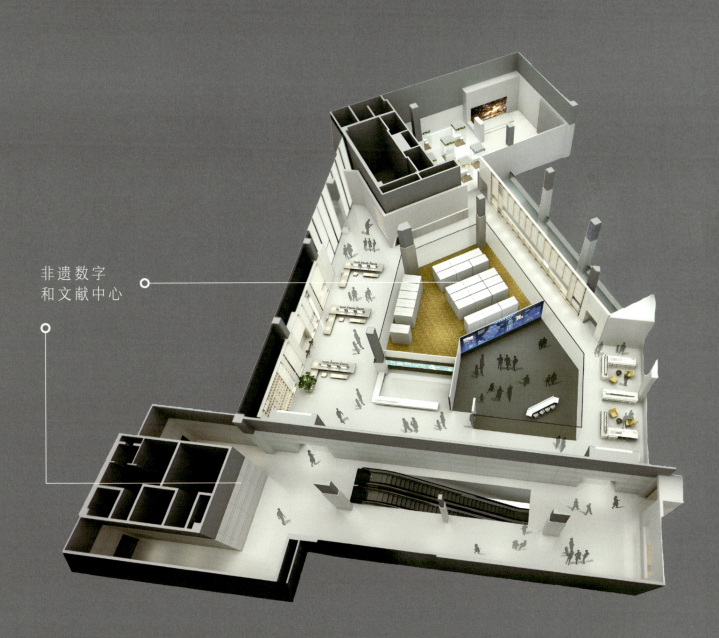

非遗数字
和文献中心

推进非遗记录工程与数据基础库应用

浙江省共对 159 位国家级非遗代表性传承人进行了记录，记录总数居全国第一。浙江共有 20 项项目获国家级非遗代表性传承人记录优秀项目，数量居全国第一。浙江非遗记录成果利用转化走在全国前列，以成果编纂、转化推介、纪录片展映、影像专题展等多种形式，全方位展现浙江省非遗记录的工作成果。2024 年，浙江计划再记录 8 位国家级非遗代表性传承人。

建馆纪实

浙江省非物质文化遗产馆
建设操作流程

基本情况

　　浙江省非物质文化遗产馆是"十三五"时期公共文化设施建设浙江省重点文化设施项目"浙江省之江文化中心"的四馆之一。根据总体规划，省非遗馆场馆用地面积 14942m²，容积率 1.338。规划建筑面积 35000m²，其中地上（5 层）20000m²，地下（2 层）15000m²，地面高度 45.35m。陈列布展区域面积 15153m²，设基本陈列厅、专题厅（传统戏剧厅、传统工艺厅），以及特色空间，包括非遗传承体验中心、非遗研创中心、传统表演艺术厅、非遗数字和文献中心、临展厅、展示教育拓展室、报告厅、非遗衍生品商店等区域。项目采取带方案的 EPC（设计、采购、施工）总承包和全过程工程咨询模式进行建设。

　　2012 年 12 月 20 日，浙江省政府明确建设项目及选址，决定项目选址于杭州西湖区之江区块（浙江省人民政府办公厅【2012】58 号）。2013 年 5 月 9 日，省领导调研选址地块。2013 年 5 月 21 日，《关于浙江自然博物院等文化场馆建设项目选址事宜》明确项目选址在杭州西湖区之江区块龙王沙地块（浙政办抄【2013】16 号）。2019 年 2 月 28 日，省非遗馆正式破土动工建设。2023 年 8 月 29 日，省非遗馆正式开馆。整个项目跨越了 11 年历程。省非遗馆由浙江省非物质文化遗产保护中心（以下简称省非遗保护中心）负责建设运营。

机构建设（2018—2023 年）

1. 2018 年 12 月，中共浙江省委机构编制委员会办公室（以下简称省委编办）印发《关于调整浙江省非物质文化遗产保护中心事业编制的函》，增加人员编制 6 个。

2. 编制《浙江省非物质文化遗产保护中心（浙江省非物质文化遗产馆）人员编制安排表》。

3. 2020 年 2 月，省委编办印发《中共浙江省委机构编制委员会办公室关于印发浙江省文化和旅游宣传推广信息中心等 12 家事业单位机构编制规定的通知》，决定浙江省非物质文化遗产保护中心挂浙江省非物质文化遗产馆牌子，新增 1 名副主任职数。

4. 编制《浙江省非物质文化遗产馆机构编制和人员需求研究报告》。

5. 编制《浙江省非物质文化遗产馆经费使用计划（2021—2023）》《浙江非物质文化遗产馆开办方案》和《浙江省非物质文化遗产馆运营规划》。

6. 编制《浙江省非物质文化遗产保护中心（浙江省非物质文化遗产馆）岗位设置分析》，提出 1 个总体目标、3 个发展体系、9 个职能部室、45 个工作岗位、55 个人员编制的设想。

7. 报送《浙江省非物质文化遗产馆增编请示》《浙江省非物质文化遗产馆机构编制和人员需求研究报告》。

8. 印发《关于成立浙江省非物质文化遗产馆建设工作领导小组的通知》，规定领导小组下设综合协调办公室、筹建办公室和纪检组。筹建办公室分设基建工程组、展陈工程组、数字化建设联络组、藏品征集联络组、招标联络组、宣传工作组，举全单位之力做好建设工作。

9. 2022 年 8 月，增加人员编制 18 个。

10.设立"1个总体目标、3大发展体系"机构建设目标体系，编制《浙江省非物质文化遗产保护中心（浙江省非物质文化遗产馆）管理发展规划》。

11.根据事业单位机构改革要求，报送《浙江省非物质文化遗产保护中心（浙江省非物质文化遗产馆）关于调整单位内设机构的请示》。

藏品征集（2017—2023年）

1.设立浙江省非物质文化遗产馆藏品征集办公室。

2.设立藏品征集领导小组，编制《浙江省非物质文化遗产馆非遗藏品征集计划（2017—2021年）》。

3.自2017年起，省财政每年下达征集经费400万元。

4.启动藏品征集，全省非遗传承人积极响应。十多位国家级非遗代表性传承人、中国工艺美术大师共同发出倡议，将个人作品捐赠给省非遗馆。

5.2018年11月，浙江省文化和旅游厅（以下简称省文旅厅）在浙江省人民大会堂举行隆重的捐赠仪式，省政协主席、党组书记葛慧君出席并为捐赠作品的代表性传承人颁证。

6.印发《关于浙江省非物质文化遗产馆非遗藏品征集工作管理办法（试行）的通知》。

7.举办"浙江省非物质文化遗产馆藏品征集成果展"。

8.出版《浙江省非遗馆捐赠作品精品图录（卷一）》，此后陆续出版第二卷和第三卷。

9.2021—2023年，省财政每年拨付征集经费1000万元。

10. 制定出台《浙江省非物质文化遗产保护中心（浙江省非物质文化遗产馆）藏品临时存放场所管理制度》，成立藏品临时存放场所管理工作小组。

11. 编制《关于民间文学类视频录制工作基本思路的报告》。

12. 编制《浙江省非物质文化遗产馆藏品征集任务表》。

13. 印发《关于成立浙江省非物质文化遗产馆藏品征集相关工作小组的通知》，设征集工作小组、征集纪检小组和征集专家评审小组。

14. 编制《浙江省非物质文化遗产馆藏（展）品2022—2023年征集工作方案》。

15. 浙江省非物质文化遗产馆筹建办公室藏品征集工作组赴温州市、丽水市和衢州市开展藏品征集工作，先后走访乐清市等9个县（市、区），与24位非遗代表性传承人进行面对面沟通，了解其捐赠意向，并落实意向征集作品相关信息。

16. 印发《浙江省非物质文化遗产保护中心（浙江省非物质文化遗产馆）非遗藏（展）品征集工作管理办法（修订稿）的通知》，进一步规范省非遗馆藏（展）品征集工作。

17. 修订完善《浙江省非物质文化遗产保护中心（浙江省非物质文化遗产馆）藏品临时存放场所管理制度》，进一步规范省非遗馆藏（展）品管理工作。

18. 省文旅厅印发《浙江省文化和旅游厅关于开展浙江省非物质文化遗产馆藏（展）品征集工作的通知》。

19. 发布视频类征集项目（民间文学，民俗，传统舞蹈，传统体育、游艺与杂技等）招标意向公告。

20. 建立省非遗馆藏品征集联络员制度，通过点对点联系和实地走访，达成意向捐赠文献、视频、图片、作品实物等614件（套）。

21. 按照 2023 年 8 月开馆的时间节点倒排工作计划，划定各项工作时间节点和具体内容，以确保整体工作顺利推进。着眼展陈和开馆需要，深化、细化征集方案，做到有效征集、精准征集和多元征集，体现展品丰富性、生动性和科学性。

22. 2023 年 3 月，省文旅厅、浙江省财政厅（以下简称省财政厅）印发《关于浙江省非物质文化遗产馆藏品征集管理办法的通知》。

场馆建设（2019—2022 年）

调研阶段（2019—2020 年）

1. 启动《浙江省非物质文化遗产馆展陈可行性方案》课题研究。

2. 接受文旅部非遗司委托课题，在全国范围内开展《非物质文化遗产馆建设与服务标准研究》课题调研，并形成课题成果。

3. 开展省文旅厅《浙江省非物质文化遗产场馆建设与服务标准研究》课题。以开展课题为契机，结合北京、上海、江苏、四川、贵州等地考察成果，对全国范围内相关非遗场馆及省级文化场馆进行研究对标，在借鉴的基础上逐步完善建设理念和展陈方案。

建设筹备（2020—2021 年）

1. 完成《非遗调查研究工作相关数据采集、文本设计技术服务》《非遗馆运营规划方案》等省非遗馆数字化项目成果验收。

2. 明确基建和展陈安全消防工程"一体设计、预留基础、分步实施"工作思路。

3. 编制《2021—2022 年度浙江省非物质文化遗产馆筹建工作推进计划表》。

4. 在"浙江非遗"公众号、官网设立"非遗馆"建设专栏。

5. 聘请专业律师，强化法律咨询与法务把关。

6. 向社会公开无偿征集《浙江省非物质文化遗产馆展览文本框架及形式设计创意方案》。

7. 根据《浙江省非物质文化遗产馆展陈可行性方案》研究成果，与建设单位浙江省建筑设计研究院共同规划空间设计，形成展陈设计和空间规划一体的展示体系。充分考虑浙江地理文化和非遗生态特点，将舟山"绿眉毛"三桅木帆船、传统戏台、肃雍堂古民居纳入场馆建筑空间，建筑设计为展陈内容预设空间。

8. 配合编制完成省非遗馆《建筑方案设计任务书》《建筑方案初步设计方案》。

规划实施（2021—2022 年）

1. 由中国美术学院袁由敏教授设计团队为省非遗馆设计馆标视觉及导视系统。

2. 启动建筑工程跟踪记录项目，通过摄影摄像等技术手段，对建设情况进行全面、翔实的延时跟踪记录。

3. 基建工程联络组人员入驻省文旅厅之江文化中心建设工程指挥部，建立与建设单位联动的工作机制。

4. 编制并向省文旅厅之江文化中心建设工程指挥部提交了《浙江省非物质文化遗产馆精装修主材封样等建议报告》。

5.在浙江政府采购网实施《浙江省非物质文化遗产馆展陈可行性方案》公开招标。

6.组建包括场馆、非遗、展陈设计、数字化等领域全国知名专家学者的省非遗馆建设百位专家团队，为建设提供智力支持和决策咨询。由5位全国权威专家担任专业顾问，进行学术性把关。发挥专家的智囊作用，有效优化展陈整体布局、合理设计逻辑架构、精准征集藏品等。

7.每月刊出一期工作简报、每周召开工作例会，全面推进省非遗馆建设工作。

8.成立省非遗馆建设纪检组，加强廉政监督。

9.编制《筹建资料使用登记管理办法》《廉洁自律制度》《联席会议制度》《大事纪要和简报制度》《轮班驻守》等制度文件，不断规范工作程序。

10.浙江省非物质文化遗产馆筹建办公室建立每周工程建设例会制度。

陈列布展（2020—2023年）

工程报审（2020—2023年）

1.编制《浙江省非物质文化遗产馆陈列布展工程项目建议书》，送浙江省发展和改革委员会（以下简称省发改委）审批。

2.《浙江省非物质文化遗产馆陈列布展工程项目建议书》通过省发改委审批，并被线上赋码。

3.省发改委批复将省非遗馆陈列布展工程项目列入2022年浙江省省级政府投资计划。

4. 正式收到省发改委政府投资项目受理通知书，完成省非遗馆陈列布展工程项目立项工作。

5. 将《浙江省非物质文化遗产馆陈列布展工程项目可行性研究报告》报送省发改委。

6. 省发改委将《浙江省非物质文化遗产馆陈列布展工程项目可行性研究报告》交省财政厅复核。

7. 省财政厅完成复核，并将复核意见转省发改委。

8. 根据财审意见调整可行性研究报告，重新上报省发改委。

9. 收到省发改委《关于浙江省非物质文化遗产馆陈列布展工程可行性研究报告批复的函》。

10. 收到省发改委《关于浙江省非物质文化遗产馆陈列布展工程初步设计批复的函》。

11. 编制《浙江省非物质文化遗产馆陈列布展经费预算清单》。展陈工作组完成展陈图纸、清单及配套文件，提交省财政厅审核。

12. 完成省非遗馆陈列布展项目 2022 年省级政府投资项目计划及预算表线上平台填报工作。

13. 完成省非遗馆陈列布展项目 2023 年省级政府投资项目计划及预算表线上平台填报工作。

14. 完成《浙江省非物质文化遗产馆陈列布展工程项目可行性研究报告》修改，通过省发改委投资 3.0 平台线上上传材料。

15. 在前期进行线下预审的基础上，完成线上端口图审材料正式提交、陈列布展工程图纸审核工作。

前期筹备（2020—2023年）

1. 编制《浙江省非物质文化遗产馆陈列布展大纲》《浙江省非物质文化遗产馆陈列布展可行性研究方案》。

2. 针对《浙江省非物质文化遗产馆陈列布展可行性研究方案》举办展陈规划系列论证会，共计7场，邀请博物馆学、信息化建设、民俗学、展陈设计、非遗等来自全国各领域的70多位专家学者参加相关方面的论证。

3. 编制《浙江省非物质文化遗产馆陈列布展工程项目建议书》《浙江省非物质文化遗产馆陈列布展工程项目可行性研究报告》等文件。

4. 在浙江政府采购网进行省非遗馆陈列布展工程初步设计（含文本）项目公开招标。

5. 在浙江省公共资源交易中心实施省非遗馆陈列布展工程全过程工程咨询服务公开招标。

落地实施（2023年）

1. 在浙江省公共资源交易中心实施省非遗馆陈列布展工程A、B标段工程总承包公开招标。

2. 编制、印发《浙江省非物质文化遗产馆陈列布展工程文件签字确认管理办法》《浙江省非物质文化遗产馆陈列布展工程项目工程变更管理规定》《浙江省非物质文化遗产馆陈列布展工程项目合同台账管理办法》《浙江省非物质文化遗产馆陈列布展工程项目文件档案管理制度》《浙江省非物质文化遗产馆陈列布展工程财务管理办法》。

3. 2023年3月底，省非遗馆陈列布展工程各标段工程总承包单位进场并正式开工。

4. 省非遗馆展陈工作组入驻施工现场，与全过程工程咨询服务人员共同管理。

5. 编制《浙江省非物质文化遗产馆陈列布展工程倒排时间表》《施工单位质量进度表》。

6. 建立驻场人员、全过程工程咨询单位和施工建设单位周例会以及日报表制度。

7. 建立安全生产定岗、定人、定责，以及安全巡查和演练制度。

8. 对省非遗馆陈列布展工程 A、B 标段空间方案效果及主要面材进行论证。对已明确的饰面装修材料样品进行签认，完成封样。

9. 召开省非遗馆陈列布展工程深化设计方案论证会，专家组一致同意"浙江省非物质文化遗产馆陈列布展工程 A、B 标段工程总承包的深化设计成果"通过验收。同时，也对施工布展的相关细节以及进度提出了意见。

10. 陆续完成各专项工程论证和验收。

11. 对接全过程工程咨询服务公司，开展两个标段总承包单位工程预验收准备工作。

12. 完成省非遗馆陈列布展工程预验收。

布展优化（2023年）

1. 2023 年 7 月，省非遗馆陈列布展工程进入布展阶段。梳理最终展品清单，结合空间流线，对应展览内容，形成展品编码。以此为基础，对接展品组、库房组及征集组，完成展览所需展品的整理和运送。

2. 为规范藏（展）品进入库工作流程，明确各布展组具体交接人员。

3. 按照布展工作方案、工作安排，工作组分批对接库房，对展品进行清点、移交及布展，共清点移交和布展展品 1022 件（套）。

4. 2023 年 7 月 17 日以来，省非遗馆陈列布展工程布展工作进入调整、调试阶段。展陈工作组通过现场效果巡看、专家领导意见建议收集，对接展陈团队不断对展览进行调整，包括对局部区域展陈方案调整，个别展品更换以及灯光、多媒体调试等。

5. 以展陈效果优化完善为工作重点，开展展品调整、工艺细节完善、说明文字信息补充、视频内容审核等各项工作。

开馆筹备（2023 年）

1. 做好人力统筹，成立开馆领导小组。为了保障开馆顺利，须以几次压力测试来评估和锻炼工作团队的运行能力和应对能力，验证工作团队组织框架的合理性。通过实战让单位的每个人都进入开馆运行的工作状态。

2. 做好团队的心理建设。在开馆之前强化职能意识，尤其是中层以上人员，要了解工作职能，明确工作定位。

3. 分设工作组。明确工作组分工和职责，做好开馆接待工作。工作组之间做到统分结合，协作开展工作。

4. 编制安全、突发、舆情等应急预案。开馆之前进行安全排查，做到心中有数，梳理存在的风险点，针对风险点采取措施。

5. 与物业密切合作，统一指挥和管理，保证高效和有序。重点是观众服务、安全和卫生保障。

6. 编制《浙江省非物质文化遗产馆开馆工作指南》《浙江省非物质文化遗产馆首次压力测试工作方案》《浙江省之江文化中心启用活动的网络舆情数据报告》《浙江省非物质文化遗产馆舆情应急预案》《浙江省非物质文化遗产保

护中心（浙江省非物质文化遗产馆）职工搬家安排》《浙江省非物质文化遗产馆首问首办责任制度》《浙江省非物质文化遗产馆服务人员标准回答用语及应知应会》《场馆服务工作组方案》。

7. 迎接开馆，按照工作部署，再进行开馆前的压力测试。

8. 2023 年 8 月 29 日，省非遗馆正式对外开放。

浙江省非物质文化遗产馆
陈列布展工程建设大事记

邀请非遗专家、博
物馆学学者、展陈
设计等7个领域的专
家，进行展陈策划
和概念设计论证。

完成《浙江省非物质
文化遗产馆展陈可行
性方案（草案）》。

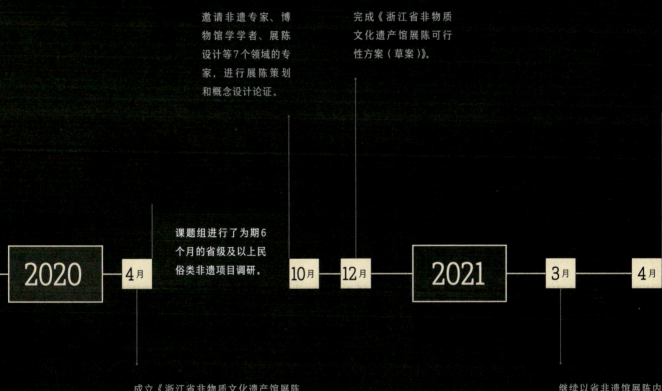

课题组进行了为期6
个月的省级及以上民
俗类非遗项目调研。

| 2020 | 4月 | | 10月 | 12月 | 2021 | 3月 | 4月 |

成立《浙江省非物质文化遗产馆展陈
可行性方案（草案）》课题组。

与浙江大学文物与博物馆学系共同组
建省非遗馆展陈可行性研究课题组。

继续以省非遗馆展陈内
容规划研究为课题展开
研究。

7—11月，考察扬州中国大运河博物馆、苏州博物馆、苏州市吴中区博物馆、苏州非遗馆、上海海派艺术馆、上海市群众艺术馆、毛麻仓库、抱朴美术馆以及上海玻璃博物馆等同类型或相关主题展馆数十家，学习经验。

4—11月，开展浙江省内非遗展示场馆（传习所）建设及展陈设计研究成果评选活动，了解和掌握现有非遗场馆建设以及设计中问题、难点以及创新点。

形成省非遗馆展陈内容规划研究课题报告。

省非遗保护中心（馆）各部室负责人前后组织3次集体头脑风暴会，共同参与讨论非遗馆展陈思路及框架。

提出展厅功能性规划和展览内容的框架性设想。

启动《浙江省非物质文化遗产馆陈列布展工程项目可行性研究报告》编撰工作。

《浙江省非物质文化遗产馆陈列布展工程项目建议书》上报浙江省发改委，并获得受理。

| 6月 | 7月 | 10月 | 11月 | 12月 | **2022** | 4月 | 5月 | | 6月 |

6—10月，邀请博物馆学、舞台设计、声学等专家对传统戏剧馆开展前期内容、展品和设计进行讨论。

陈列布展工程项目列入2023年浙江省省级政府投资项目（实施类）。

省非遗馆整体结构封顶。省发改委批复同意省非遗馆陈列布展项目列入2022年浙江省省级政府投资项目（储备类）。

时间轴

8月

公开征集省非遗馆展览文本框架及形式设计创意。

陈列布展工程项目在浙江政府采购网进行初步设计采购招标。

3日，在省之江文化中心项目现场召开展陈方案汇报会。省文旅厅党组书记、厅长陈广胜，党组成员、省文物局局长杨建武听取工作汇报，省文旅厅非遗处处长张雁出席。省非遗馆馆长郭艺汇报了省非遗馆陈列布展策划方案。

18—19日，展陈工作组在郭艺馆长带领下，赴上海进行交流和考察学习。

9月 / 10月

对《浙江省非物质文化遗产馆陈列布展工程项目可行性研究报告》进行调整编制，并重新提交省发改委审批。

9日，召开初步设计方案（含文本）成果验收会，省文旅厅党组成员、副厅长叶菁，非遗处四级调研员范立平出席会议。专家组一致同意成果通过验收。

25日，省文旅厅党组书记、厅长陈广胜专题听取省非遗馆陈列布展工程初步设计汇报，厅党组成员、副厅长叶菁，非遗处副处长叶涛出席。

11月

10—12月，省财政厅对陈列布展工程项目投资估算进行财审，于2023年1月5日确定财审预算。

陈列布展工程初步设计项目采购招标完成。

10日，省文旅厅党组书记、厅长陈广胜调研时提出"要始终坚持高品质思维，以'有限场地'展'无限天地'，全力打造顶尖非物质文化遗产馆，努力做到出道即出圈、开馆即爆款"。

12月 / 2023

2月

2日，初步设计成果提交至省发改委，开启项目初设审批流程。

15日，省发改委批复同意，批复文件正式下达。

27日，省非遗馆陈列布展工程深化与施工一体化招标完成。

29日，省非遗馆陈列布展工程总承包单位进场。

30日晚，召开布展深化设计方案对接会。

29—31日，中标团队制定完成总体工作进度计划表，明确施工图审工作推进时间安排。

10日，省发改委委托省发展规划研究院组织《浙江省非物质文化遗产馆陈列布展工程初步设计》（以下简称"初步设计"）评估咨询会。

17—18日，完成陈列布展工程项目全过程咨询服务，A、B标段工程总承包招标文件公示。

23—24日，招标文件公示顺利结束。

3月

6日，陈列布展工程召开第一次周例会，江南工程管理有限公司对全过程咨询工作进行交底。

8日，召开传统戏剧厅传统戏台专项对接会。

11日，召开文献（数字）中心专项方案对接会，明确展品征集方向及大师采访的初步规划。

18日，省文旅厅副厅长李新芳来馆检查，指导工作并召开工作协调会，省非遗馆副馆长祝汉明陪同并出席会议。

19日，召开A标段基本陈列厅深化设计方案讨论会。

20日，召开B标段专题厅深化设计方案讨论会。

23日，省非遗馆陈列布展工程现场办公室、会议室布置落实，正式派员驻场办公。

27日，舟山"绿眉毛"海船正式进场搭建。

28日，省文旅厅党组书记、厅长陈广胜一行到省非遗馆施工现场，实地检查非遗馆陈列布展工程实施进度以及安全生产工作。

3—4日，陈列布展论证暨验收会在省非遗馆现场、杭州运河祈利酒店举行。

10—14日，省非遗馆陈列布展工程进入布展阶段。

21日下午，省非遗馆第二期"大家谈"圆桌会在浙江书房举办。

25日，工作组完成省非遗馆导览手册初稿的策划编写，并对其进行优化设计和制作。

4月 由省非遗馆馆长郭艺、副馆长祝汉明分别带队，由征集组工作人员和专家、布展公司组成的调研小组实地走访了37个县（市、区），拜访了65位国家级、省级非遗代表性传承人。

5月　　**6**月　　**7**月　　**8**月

19日，文旅部非物质文化遗产司副司长胡雁、传播处处长孙占伟等一行三人来省非遗馆建设现场展开调研和指导工作。

26日，省非遗保护中心（馆）召开陈列布展工程A、B标段工程总承包的深化设计方案论证会，专家组一致同意通过验收。

完成全部布展工程图纸审核工作。

8日，家具选用论证会在石函路1号楼309会议室召开。

18日，上海大学教授、国际博物馆协会亚太地区联盟主席、省非遗馆建设总顾问安来顺到省非遗馆陈列布展工程现场调研指导。

29日，省非遗馆陈列布展工程顺利完成，正式开馆，共展出展品1022件（套）。

以有限展无限

浙江省非物质文化遗产馆基本陈列展陈设计获评第十四届全国美术作品展览艺术设计类进京作品，设计作品于 2024 年 9 月 27 日至 10 月 24 日在中国国家博物馆展出。

第十四届全国美术作品展览

The 14th National Exhibition of Fine Arts,China 2024

入选证书

郭　艺、祝汉明、黄　欢、赖雪芳、韩　萌、

邵晨卉、郑凯琛、张晓娟 先生／女士：

您的作品

《浙江省非物质文化遗产馆》（环境设计）

入选第十四届全国美术作品展览，

并被评为进京作品。

特颁此证

中华人民共和国文化和旅游部　中国文学艺术界联合会　　中国美术家协会

二〇二四年十月

后记

将时光酿成生活的诗篇

黄　欢　赖雪芳

浙江省非物质文化遗产馆展陈组

感觉时间在晃，一晃一个新的春天又来到了眼前。

此刻，从浙江省非物质文化遗产馆顶楼办公室的窗户望出去，暮色将玻璃幕墙染成琥珀色，不由想起三年前的某个深夜，那时展陈团队正为民间文学版块"口传·印记"展区的空间叙事争执不下，窗外春雨淅淅沥沥，屋内各抒己见、热火朝天……时光在争论与创造中折叠，而今馆内流动的光影，仿佛是那段时光的重现、舒展、流淌。

在没有脚印的地方寻找方向

记得 2020 年初春，我们围坐在石函路 1 号的会议室里讨论《浙江省非物质文化遗产馆展陈可行性方案》时，面对的是一片未知的领域。作为全国首座大型区域综合性非遗馆，我们既没有现成的模板可循，也没有成熟的经验可借鉴。如何实现非遗可视化表达？如何体现活态遗产的当代性？这些问题如同春蚕啃食桑叶，在每个深夜沙沙作响。

展陈组的小伙伴们，有的来自非遗保护一线，有的来自博物馆策展领域，还有建筑设计行业，各自有不同专业背景。在中心领导的带领下，这支跨界团队开启了破冰之旅，非遗保护者带着田野调查的泥土气息，策展人携着博物馆学的理论框架，建筑设计师握着空间美学的量尺……我们像一群探险者，一边解锁各自的技能，一边又都在各自的专业领域进行着认知的重构，一起在迷雾中摸索前行。无数个深夜里，我们争论、碰撞，甚至推翻重来，只为找到一个最合适的表达方式。展览有了雏形，我们便转身向各个领域的专家求教。从非遗领域到博物馆学，从设计到数字化，从基层专业骨干到资深学者，我们或登门拜访，或组织集中讨论、论证，前行之路逐渐清晰明朗。

正是在近乎执拗的坚持中，我们慢慢摸索出了方向——如果说非遗是鲜活的，那么非遗馆的展陈就不该是标本陈列，而应是生命剧场。于是，非遗的"非物质性"不再是障碍，而是激发创意的源泉。我们用光影再现传统技艺的流程，用声音还原传承人工作的场景，用互动装置让观众亲身体验"过程"的魅力……每一个展项都是一次突破，每一次尝试都是一次创新。这种专业领域的自我突破，恰如非遗传承中的"守正创新"，在恪守本真与拥抱时代之间找到平衡点，让我们一次又一次斗志昂扬，体会满满的成就感。

在时空褶皱里编织浙江非遗图景

策展的核心命题始终清晰：非遗是从历史中走来的活态遗产。策展的过程中，我们始终把握着三个维度：历史、当下与未来。展陈中，我们特别注重呈现非遗的活态传承，不仅展示技艺本身，更展现其背后的生活方式、文化智慧和情感记忆。这种时空交错的展陈方式，让静态的展品进行了动态的叙事。

在"手艺·生活"展区，我们设计了一面百工墙，记录了上百双非遗传承人镌刻着岁月痕迹、创造着美好生活的手。正如刘魁立老先生所言，"这些手，就是这一个时代宝贵的光辉记录；这些手，推动了时代的前进"。动静结合的展陈方式，让百工匠心可以被看到，也让手作有了温暖的轮廓。我们也想以此致敬让中华优秀传统文化在今天依然如此鲜活，让中华文明延续至今、生生不息的每一个人。

作为全省非遗资源的索引，我们特别注重地域特色的呈现。浙江各异的山、海、泽地域特征与人文特性，让每个地域都有自己独特的文化符号。于是，展陈中的山、海、泽化作流动的诗篇。我们像编织一幅锦绣，将散落在浙江大地的文化明珠串成串，让观众在移步换景中感受"诗画江南、活力浙江"的独特韵味。

在感觉盛宴中传递文化温度

传统展陈的视觉霸权在这里被打破。我们尝试调动观众的多维感官，让非遗从文化符号升华为生命体验。在茶空间展区，观众不仅能欣赏精美的茶具，还能闻到不同的茶香，聆听茶艺师对茶艺手法的讲解，甚至品尝现场冲泡的茶汤。在诗书传家区，观众能从触摸不同纸张的肌理中感受手工制作的温度。在"绿眉毛"海船区，搭建海船龙骨时祭礼仪式中的烛火似乎依然暖热，从东海渔村背回的整船海风有些咸腥，潮汐退复与波涛浪涌中老渔民号歌隐约。在桐乡染坊守候七十二小时，为捕捉蓝印花布的靛蓝层次，那种介于黛色与天青之间的蓝，成为展区的灵魂底色……全方位的感官体验，让非遗不再是遥远的传说，而是可感可知的生活美学。

美学理念贯穿了整个展陈设计。从空间布局到灯光设计，从色彩搭配到材质选择，我们都力求在专业表达与审美体验之间找到平衡。在确定水乡文化空间的色彩时，设计总监韩萌女士反复推敲什么样的绿能代表水乡。从四季变换的绿意，到丝绸青瓷莹润的翠色，都被一一排除。最终，我们选择通过空间层次营造出特有的"水乡绿"——空间里前景和远景的互望加强进深感，材质不同的透光度营造呼吸感，墙面、天花板、地面选用不同的绿调，让自带光泽感的丝织展品尽显内蕴与温婉。当窗外的阳光穿透玻璃进入展厅，四季时光与阴晴雨雪，让水乡空间拥有了贴近真实生活的温度。这种对美的执着追求，让非遗馆不仅成为一个文化空间，更成为一个带有情感温度的美学殿堂。

展览中，我们积极探索对多媒体技术的恰切运用。在百工墙"魔屏"上，观众可以触摸到守艺匠心的脉动；"传"粒子动画沉浸式影院是一个集体记忆共鸣的场域，AR 眼镜导览让观众获得第一视角的温情陪伴。这些技术手段不是炫技，而是为了更好地传递文化内涵。我们知道，日新月异的技术只有被赋予了温度与情感，才能抵达人心最柔软之处。

在地标中照见未来

从 2020 年 4 月《浙江省非物质文化遗产馆展陈可行性方案》起步，到 2023 年 8 月 29 日开馆，1200 多个日夜里，我们经历了无数次的争论与抉择。每一个展品的位置，每一张图片的角度，每一句文案的措辞，都经过反复推敲。有时为了一个细节，团队会争论到深夜。正是这种精益求精的态度，才成就了让我们大家都满意的呈现。开馆后的火爆场面印证了这座文化地标的时代价值。当看到观众在展品前驻足沉思，在互动区流连忘返，在留言簿上写下感动的话语，我们所有的辛苦都化作了欣慰。我们深知，非遗馆的价值不在于收藏过去，而在于启迪未来。省领导用四个"很"评价省非遗馆时，我们感受到的不仅是肯定，更是一种期许。这座展馆不仅是一个文化地标，更是一个让传统与现代对话的平台，一个让世界读懂浙江的窗口。

在有限空间展无限可能

此时，春夜细雨正轻叩窗棂，那些争论的深夜、跋涉的黎明、挫败的黄昏，都化作了场馆里的光点。而明天又将有新的观众带着各自的时间前来，与馆内流动的非遗相遇。突然意识到，其实我们始终在做同一件事——将易逝的时间，酿成可见的永恒。当传统以进行时的姿态流淌，我们，何其有幸，成为这个进行时的书写者与见证人。你，我，他，每个参与其中的人，都成了文明长河里的星光——有限的是空间，无限的是文明传承的永恒可能。

回首省非遗馆展陈的三年，我们懂得了工作是使命的注脚，信心源于对文化的虔敬。感谢文博专家安来顺教授、文化学者徐艺乙教授的专业指导，著名作家王旭烽女士严谨而优美的文字，摄影师王毅先生提供的专业影像资料。特别致谢基本陈列设计总监韩萌女士，她让浙江省非遗馆的展陈实现了传统文化的现代表达，感谢她为浙江省非遗馆注入令人心动的生命张力。吕品田、杭间、马来法、陈华文、连晓鸣、黄大同、吴露生、蔡琴、王其全、吴光荣、刘朝辉、徐宏图、陈勤建等所有关心浙江省非遗馆建设专家的悉心指引，如春风化雨，让非遗的种子在这片土地上生根发芽。感谢浙江省非遗馆团队、设计团队、建设团队与服务管理团队的日夜耕耘，他们以匠心为线，将散落的珍珠串成璀璨的星河。

　　难忘同事们努力坚守的身影，还有那些在台前幕后默默守护的领导、学者、非遗保护工作者与传承人，感谢你们！你们的目光与双手，早已化作展墙上温柔的底色，化作观众眼底的惊叹与感动。

　　本书的编撰既是对过往工作的总结，也是对未来发展的思考。我们希望将实践中的经验与思考沉淀下来，为非遗保护与传承提供新的思路。本书也是省非遗馆建设、策展实践的成果展示。

　　当浙江省非物质文化遗产馆的大门向世界敞开，我们交付的不仅是一座建筑、一个展览，更是一封写给时光的情书，而所有走进省非遗馆、打开这封信的你们，都是信尾最动人的落款。